トップアスリート、一流経営者たちがこぞって受ける

〈小さな自分〉から脱皮する

心の授業

メンタルトレーナー

久瑠あさ美

Asami Kuru

大和書房

自分という存在を持て余し、
誰もが人生をむずかしくしてしまう。

たくさん勉強をして、
たくさんの人と出逢い、
語りきれない経験の中で、
誰もが等しく感じるのは、
自分をわかりきれないということ。

自分のことをすべてわかったつもりになって、
実は全然わかっていないことに、また気づかされる。

究極、あなたがどう生きるか、
それを人生から求められているのだ。

人生が何かしてくれるのではない。
自分が自分の人生のために、何をしでかすのか。
あなたが存在する意味は、そこにある。
それこそが、〈小さな自分〉から脱皮するということ。

夢を夢のままにしない。
恋を恋のまま終わらせない。
自分を「いまの自分」で終わらせない。
成功を掴めるのは運のいい人間だけ。
そんなふうに思わないでほしい。

いままで越えられないと思っていた壁は、
自分次第で越えていける。

壁の向こうにこそ、
チャンスや幸運は存在しているから。

そこに気づいたあなたは、
もう〈小さな自分〉なんかじゃない。

私がこれからお伝えしていくのは、
なにげない日常の、ヒトには言えない、
〈小さな自分〉がいつもどっかで思うけど、
口にできずにいた、矛盾だらけの人間の心について。

すべての存在は、あなたが生み出している。
そう捉えてください。
あなたが自分という存在を小さなものにするのか、
大きな存在に変えていけるのかだけなのです。

contents

目次

2時限目 会社の中にこそ、自分の殻をやぶるチャンスがある

3時限目 仕事で感じた不安は、すべて成長の糧になる

4時限目 恋愛は人生において最高の武器になる

5時限目 あなたの将来は輝きに満ちている！

prologue

プロローグ

あなたはこれまで、家庭や学校で、どんなことを教わってきましたか。

「やれることだけにしなさい」

「できないことは選ぶな」

親や先生の言うことに従うように、人には迷惑をかけないように、教わってきたと思います。

多くの大人は、子どもを社会からはみ出すことなく、失敗せずに人生を送れるようにと願って育てます。

そのために、子どもを「こうあるべき」というフレームの中におさめようとする。フレームの中にさえいれば、安心で安全だからです。

そうやって教育されることで、子どもは知らず知らずのうちに、そのフレームからはみ出さないように生きていこうとする。

その無自覚にできあがったフレームが、大人になったあなたを縛りつけてしまう。

多くの人が「できないこと」「やったことのないこと」を恐れるのは、このように自分の限界のフレームを、「できる範囲内」に設定しているからです。

もっと楽しい人生を送りたいなら、この先の人生を謳歌《おうか》したいなら、自分を縛り続けてきたフレームの外に飛び出すことです。

そうすれば、誰もが自分の限界を超えて、無限の価値を引き出すことができるのです。

あなたの価値は、あなたの中にすでに存在している。

誰の中にも、物凄い能力が眠っています。

あなた自身が、まだその価値に気づいていないだけ。

なぜ、いままで気づけなかったのか。
それは、潜在能力を引き出すための授業を受けてこなかったからです。

この本では、いままで誰も教わったことのない、心の授業をおこないます。自らの潜在能力を引き出す、マインドの創り方の授業です。いままで学校で教わってきたこととは、まったく異なる内容です。

これまで、「やってはいけない」と言われてきたことを、「やってみよう」と思いはじめる。あなたが、いままで強烈に押し込められていたフレームから脱皮するための心の授業です。

私が毎月主催しているメンタルトレーニング講座「マインド塾」では、そうした心の授業をおこなっています。様々なワークを通して、自らのマインドを鍛えていきます。

「自分はどう生きるのか」
「自分のマインドをどう扱うのか」

といったマインドの法則をお伝えし、自らの心を動かして、鍛え上げていく場所です。

心は筋トレと同じで、目的を持って動かしていくと必ず鍛えられていきます。それは、ひとりとして例外はありません。

「10代の頃にこの授業を受けていれば、もっと自分の人生は変わっていた」

そう言われることが、よくあります。

社会や組織のフレームに押し込められて、息苦しい思いをしている人がいかに多いことか。

自分なんてちっぽけな存在だと、人生を諦めている人がいかに多いことか。

この本では、誰にも聞いたことのないあなた自身のマインドの扱い方をお伝えしていきます。

あなたもどうぞ、変わるか変わらないか、結果ばかりを気にして失敗を恐れる人生からは、もう卒業しましょう。

多くの人は、「自分の人生を変えたい」と言いながら、なかなか変えられずにいます。「変わりたい」と言いながら変われないのは、小さな自分のフレームの内側に留まり続けてしまうから。

フレームの内側にいる限り、変わり続けることのない人生を送り続けることになる。あなたが、自分の存在を大きなものにするか、小さなものにするかは、あなたがそのフレームを外せるのかどうかにかかっているのです。

人の潜在能力は、「できないこと」をやるときに、「やったことのないこと」に挑戦するときにこそ開花します。

その力は、なにも一流のアスリートや、一握りの天才にしか発揮できないわけではありません。年齢も性別も関係なく、いつでも誰でも潜在能力を開花させることはできる。

「自分は気が小さいから」

「ネガティブな性格だから」

と、諦める必要なんてないのです。

私のメンタルトレーニングでは、持って生まれた性格をそのままに、潜在能力を引き出していきます。

自分の潜在意識にアクセスして、本当の自分に出逢うこと。

いままでできなかったことに挑戦するマインドを創り上げること。

できるかできないかではなく、やりたいことに突き進めるマインドを創ることが大切なのです。


マインドを磨けば、いまあなたが感じている不安も不満も、コンプレックスさえも、あなたの未来を切り開く糧《かて》に変えることができる。

子どもの頃、誰もがヒーローに憧れて、

「いつか自分もあんなふうに強くなりたい、かっこよく生きたい」

そんな夢を誰もが持っていたにもかかわらず、夢を夢のままにして、いつしか大人になっていく。

「自分にはできっこない」と上手くいかない人生に落胆する。

そんな逆境に立たされたときこそ、憧れのヒーローは輝きます。

つねに自分自身の人生にスポットを当てて、目の前の逆境に立ち向かうことができれば、誰もがヒーローになれるのです。


順風満帆の人生を送るだけでは、ヒーローとして輝くことはできない。


多くの人はどんなときも強く在《あ》ろうとする。

強いマインドを持とうとして、持てていない自分を持て余し、やがて自分を見捨てようとする。

いつも強く在る必要などない。

必要なのは、チャレンジし続けるマインドを持つこと。

あなたがチャレンジして生きている姿は、周囲の人々に勇気と希望を与えます。すると自然に、あなたに注目が集まり、スポットライトが当たるようになる。

何か起きたときに、リカバリーできる柔軟力のあるマインドを創ること。知らないこと、やったことがないことにもチャレンジできる、しなやかなマインドです。

「なんか自分の人生、パッとしないなあ」

「どうしたら、もっと楽しく生きられるんだろう」

そう思っている人にこそ、この本を届けたい。

いままで、親や教師、上司や先輩などの教えに従ってきた、真面目な人、「いい人」であろうと頑張っている人にとって、自分のフレームを外し、〈小さな自分〉から脱皮するきっかけの一冊にしてほしい。

人生は、あなたが思っているほど、むずかしいものではない。
あなたの人生をむずかしくしているのは、あなたがあなたの扱い方を知らないから。

世の中で言われているほど、未来は危ういものではない。
あなたの未来は、あなた自身で創り上げることができる。

自分自身を知れば知るほど、人生はきっともっと面白くなる。

それを私と一緒に、あなたの人生で実現させていきませんか。

1時限目

もう、人間関係に悩まない

Q
Question
1

まわりの人から、
よく「いい人」と言われます。
それなのに、居心地の悪さを
感じてしまうのは
どうしてでしょうか？

A
Answer

「いい人」と言われた瞬間、どんな気持ちがするでしょうか。

ホッとする自分が、そこにいませんか。

多くの場合、周囲の人に気をつかうのは、自分が「いい人」でいたいから。

実は、他人ではなく、自分自身に気をつかっているのです。


「自分はどう思われているのか」ではなく、「相手をどう思うか」が重要なのです。

「いい人」に居座ることよりも、「いい人」の境界を越えて、自分の限界を拡《ひろ》げる勇気を持つこと。


「いい人」になろうとする人は、どこかで自分は「いい人」ではないと感じているから、「いい人」になろうとする。つまり、「足りていない自分」に、いつも不安で、そこを埋めようとするために時間を使う。

自分がしたいことに時間を使うより、他人からどう思われているかの優先順位が高いため、何かしたいと思ったとき、他人から見た自分を意識することになる。

「自分がどうしたいか」ではなく、「他人がどうしたいか」ばかりを優先させていくと、段々に自分が何をしたいのかがわからなくなっていきます。「こうしたい」よりも、「こうするべき」を優先させるので、自分が何を感じているのかという感情を表出しなくなっていくからです。

やがて、自分の感情を邪魔物のように扱うことで、ごまかし上手な自分になっていきます。

自分がわからなくなると、当然、他人もわからなくなる。

他人がわからなくなると、世間さえもわからなくなって、生きるのが怖くなってしまう。

「いい人」でありたい人というのは、こうした自己崩壊を起こす可能性のある非常に危険な状態にあるのです。

想像してみてください。

たとえば、会社のため、上司のためと、真面目にやってきた人間が、ある日、突然リストラされたとします。


「いったい、僕はなんなんだ?」


そう自分に問いかけてきたとき、その瞬間、出てくる感情は、「こんなにやってきたのに、不当な扱いは許せない!」と怒りを抱いたり、「裏切られた、ひどい仕打ちだ」と被害者意識を募らせたりする。

会社のため、上司のために「いい人」でいたことは、実は何か見返りを期待してやってきたことだった。

会社に貢献したいと思っていたのに、いつしか会社から、それ以上の何かが得られると、無意識に人は求めはじめる。

その実体のない期待に対して、人は「裏切られた」と感じ、それがその人をまた深く傷つけるのです。

もちろん会社では、やりたいことだけやっているわけにはいきません。けれど、やりたいやりたくないは別にして、やるべき仕事はやらなければ進みません。

それを、他人からの要請として、会社員の義務として、なんの疑問も持たずに、「いい人で在りたい」と自分を縛り続けていけば、大切な時間を使い、やがて疲弊《ひへい》する。

そんな状況の中で「もう、きみはいらない」と言われたときに、その人の世界はひっくり返る。そんな片想いのようなことは、この先の人生において、きっとずっと続くのです。

「いい人」が出世するわけでも、幸せになれるわけでもありません。

「いい人」というのは、結果的に「誰かの都合のいい人」になりがち。

けれど誰だって「都合のいい人」になりたかったわけではないはず。

なのに、多くの人は、自分が「誰かの都合のいい人」になっていることに気づかない。「いい人」を目指せば目指すほど、自分を見失い、自己喪失に向か

Conclusion

う。

あなたが「いい人」と言われて居心地の悪さを感じるのは、そんな無自覚な喪失感を募らせるから。

だから、「いい人」なんて、もうやめたほうがいい。

「いい人」を目指すと、自分を見失う。

Q
Question
2

飲み会に誘われたり、
仕事で頼みごとをされたりしたとき、
断ることが苦手です。
何か、上手い対処法はないでしょうか？

A

Answer

「断りたいのに断れない人」は、

「せっかく誘ってもらったのに、断ったらもう声をかけてもらえないかも」
「やっと上司に頼られるようになったのだから、今回は断れない」

と、相手に悪いから断れない。

はたして本当にそうでしょうか。
あなたが断らない理由は、

「断ることで自分の評価が下がる」
「つき合いの悪い人間だと思われたくない」
「冷たい人間だと思われたくない」

そう思っているのではないでしょうか。

ついつい場の空気を読んで、本当は参加したくないのに、「喜んで参加します」と言ってしまう。

「断る」ことのほうが、勇気がいる。

嫌々参加した挙げ句、まったく楽しめずに後悔する。きっと誰もが、そんな経験をしています。

頼みごとをされた場合も同様に、不親切だと思われたくない。

そんな気持ちから、引き受けたくない仕事を引き受けてしまう。結果的にどこか自分だけ損をしているような気がして憂うつな気分になる。

ならば、ものは考えようです。

どうしても性格上、誘いを断ることができないのなら、他人に「断れない」ではなく、自分が「断らない」と決めてみる。

そうすれば、その先の感じ方はまったく違ってきます。

「今日は早く帰れると思ったけど、せっかく誘ってもらったし、予定を変更しよう」

そう思うことで、誘われる受け身の立場から、自主的に誘いに乗った、自分の意志で決めたという立場に変わります。

大事なのは、「どこに行くか」「何をするのか」ではなく、「どんな気持ちで、その時間を過ごすのか」ということ。

嫌々参加して不本意な思いを抱えるというのは、人生の時間をムダに扱っていることと同じです。

「断れない」のなら、「断らない」という意志決定をする。まずは、自分の意志で参加することを決めるのです。

自分をごまかして相手に合わせたところで、それは自分の時間だけではなく、誘った側の相手やまわりの人の時間をもムダにしてしまう。

自分の本意ではないことは、ほかの人のためにもやらないほうがいいのです。

「断れない人」は断ることをすごく怖がりますが、自分で思っているほど、相手はさほど不快感を受けません。

断れない人にとって、断ることでいちばん痛手を受けるのは、実は自分自身。誘う側が気軽に誘ったり、頼みごとをしたりするのは、あなたに断られることも想定しているからです。

断れなかったということは、自分が断ることで、「何か不利益が生じるのではないか」という、自らの恐怖心に負けてしまった結果でもある。

恐怖心に「負けた」という敗北感が、自分自身の心にダメージを与えてしまうのです。

C

Conclusion

それゆえ、「断れない人」というのは、断っても、断れなくても、後悔することになる。

「断れない」と嘆くことで、あなたは被害者となり、誘った側は加害者になってしまう。「断らない」と決めることで、誘った人に対しても「誘ってくれてありがとう」と敬意を払うことができます。

誘いを「断れない」自分から、誘い「断らない」自分に脱皮する。

そうやってつねに行動を主体的に捉えていくことで、人づき合いはもっとずっと楽になります。

「断れない人」は、
「断らない人」になればいい。

Q
Question
3

感情コントロールが苦手です。
どうしたら上手く自分の感情を、
コントロールできるようになりますか？

A
Answer

「感情をコントロールできるのが大人だ」

そう多くの人が思っています。
けれど、感情を抑えることが大人になるということではありません。
感情をコントロールする必要なんてないのです。

感情というのは、自然に揺れ動くもの。
自分の意志で、その揺れを止めようなんてする必要もない。
感情を無理やり抑え込んで、自分をごまかしてばかりいると、やがて心は何も感じられなくなっていく。

「自分自身がわからなくなる」

それはアイデンティティー・クライシス、自己崩壊です。

何をしたいかもわからなくなって、何もできなくなる。

それが、いわゆる「うつ病」という心の病です。


泣きたいときには涙があふれ、腹が立てば怒りがわき起こる。それが、生きるということの醍醐《だいご》味《み》です。

どうか自らの感情を、厄介者として扱わないでほしい。

自分の感情から逃げたりせず、その感情と向き合ってみることで、はじめて本当の自分と出逢うことができるのだから。


私のメンタルトレーニングでは、揺れ動いている自分の感情を、在りのまま受け止めることからはじめていきます。

本当の自分に出逢う喜びや楽しみは格別なものです。

自分の感情を無視したら、何より大切な自分自身を無視することになる。それは自分を粗末に扱うということ。

自分の感情を無視すればするほど、他人の感情も、また粗末に扱うことになる。それゆえ、自分の感情を粗末に扱う人間は、他人も粗末に扱うのです。

「自分探しをしています」

そう言って、世界中を歩き回ったって、本当の自分なんか見つからない。
自分探しを外側に求めれば求めるほど、自分を見失う。
自分探しを自分の外側の世界に求めるから、自分がどんどんわからなくなるのです。
本当の自分は、自分の外側ではなく、自分の内側に在るのだから。
その中心に在るのが、厄介にうごめくあなたの感情です。
それこそが、あなたという存在を確かなものにしていく。

にもかかわらず多くの人は、自分の感情をそっちのけにし、他人の感情にばかり気をつかう。

C

Conclusion

自らの感情を無視して他人の感情もまた、無視しようとする世の中だからです。
感情をコントロールできない人間を、社会ははじきだそうとする。
ひとりひとりが、感情を粗末に扱えば、いずれ社会は崩壊に向かう。
そのとき、あなたは何を思うでしょうか?

感情をコントロールすると、本当の自分と出逢えなくなる。

Q
Question
4

他人への嫉妬心が強く、
同僚どころか先輩にさえライバル心を燃やし、
時には後輩の成功にさえ嫉妬してしまいます。
我ながらこの性格をどうにかしたいのですが、
どうしたらいいでしょうか？

A

Answer

嫉妬心やライバル心といった感情は、あなた以外の誰かに向かうことで攻撃性を帯びます。

戦いを挑むことが、自分の存在理由を確かなものにしているのです。

問題は、いつ、その戦いをやめるかということです。あなたは永遠に戦い続けることで、いつか必ず疲弊します。どちらかが滅ばない限り。

そんな人生を望んでいようが、望んでいまいが、すでにあなたは、その人生を歩んでいる。

けれど、実は、みんなそんなに戦いたいとは思っていません。

いまの世の中、競争したくないという人のほうが、はるかに多いのです。

「戦いたくない」

「競争したくない」

と思うのは、逃避性が強く弱気な人です。反対に、

「戦いたい」
「競争したい」

と思っているのは、攻撃性が強い強気な人です。

たとえば、あなたがライバル心を燃やした人間が弱気な人だったら、とたんにあなたは加害者になってしまう。

仕掛けた相手が強気な人であれば、強気な人同士の戦いがはじまります。その戦いの先には、敗北もあり得る。美しく散る覚悟が、そこには必要なのです。

強気な人間は、攻めること＝チャレンジです。人生で挑戦状をつねに出している状態。

弱気な人間は、相手に仕掛けるということがありません。戦いたくないのだから、いつだって白旗を上げる。

いまの世の中は、乱世ではないので、静かに暮らしたいという弱気な人が多いのです。

自分の指標が、ほかの人と大きくズレていることに気づけば、あなたは状況によって、どちらも選ぶことができます。

あなたに必要なのは覚悟だけです。

たとえば、戦国武将でいえば、織田信長は攻撃一本槍《やり》の人です。引くことができなかった。

そこに覚悟という美学がある。

強気と弱気、どちらかがいいというわけではありません。弱さの中に強さがあって、強さの中に弱さがある。表裏一体なのです。

信長は、攻撃的な生き方しかできないアンビバレンスな人でした。常識や社会通念に従わず、奇抜な生き方を選ぶ。そこには覚悟があります。

織田信長の戦い方というのは、「攻めの美学」。

徳川家康は「受けの美学」。

家康は待ち受ける。動かずに静かに仕掛ける。そこにも覚悟が必要です。

この覚悟がないことで、多くの人が天下をとれない。

人並みではなく、人一倍を目指すのであれば、どの美学を持つにせよ、覚悟は必要なのです。

アンビバレンスな攻撃性や逃避性は、時に人生を生きづらくさせる。

けれど、その偏ったアンバランスさが、人生において最大の武器になる。

強気な人間であろうが、弱気な人間であろうが、人はそんなに強くもないが、弱くもない。

C

Conclusion

強く在ろうとすること。それが、あなたの覚悟を生み出すのです。

アンビバレンスを武器にできれば、あなたの覚悟は確たるものになる！

Q

Question

5

僕はちょっと
プライドが高いのかもしれません……。
認めてもらいたいという意識が高くて、
上から目線にすぐカチンときてしまいます。
どうすれば、もっと大らかになれるでしょうか？

A

Answer

少しでも下に扱われると、

「偉そうに」

「何様なんだ」

そう感じてしまう人は意外にも多い。

たとえば、はじめて取り組む仕事で、自分がわかっていないことでも、相手に「わからないだろう？」と言われると、つい「わかっているよ」と言いたくなる。

わかっていないことを認めてしまうと、自分本来の能力より下に見られてしまう気がする。できていない自分を指摘され、表面化されることに、カチンとくる。

そういった気持ちになる人と、ならない人の違いは、自分が自分を認められているかいないかということ。本来は、自分が自分を認めていれば、他人に認めてもらう必要なんかなくなる。そうなれば、自分の価値がわからない人間に腹を立てる必要もなくなる。

カチンとくる人というのは、実のところ、誰より自分が自分の価値をいちばんわかっていないのかもしれない。

相手が「上から目線である」と感じるということは、逆にあなたは「下から目線」で相手を見上げることになる。

あなたがまっすぐに相手と目線を合わせようとしても、相手の目線の角度は上から傾斜しているので合わないのです。

あなた自身が上から目線で人と交われば、当然、逆も起こり得る。

それゆえ、あなたもカチンときてしまうのではないでしょうか。

カチンとくるのは、プライドが高いとか、低いとかの問題ではないのです。

「偉そうに」の根底には、「俺のほうが偉いのに」。

「何様なんだ」の裏には、「俺様」がいる。

そもそも本来、謙虚な人は、そう思うでしょうか。

相手に対しフラットな目線を持てていたとしたら、威張っている人を見たとき、「なぜ、そんな言動をしてしまうのだろう」と残念に思うか、「どうして、そんな言い方しかできないのだろうか」と、いたわりの気持ちが出てくるものです。

大らかに人と接するためには、目線をフラットに合わせていくことです。

フラットに目線を合わせるためのコツは、相手の過去とか、現状とかで受け止めるのではなくて、相手の未来をイメージして受け止めていくこと。

誰もが自分の概念というものを持って生きているので、お互いの概念を持つ者同士が交われば、必ずそこには同意点と相違点が出てくる。多くの場合、自分を基準にして判断してしまう。それを探すことが目的になってしまう。

同意を見つけて同調していきたい人は、仲良くなって親交を深めていく。

C

Conclusion

相違を見つけて論争していきたい人は、意見交換を通してリスペクトしていく。このふたつのタイプに分かれます。

どちらがいいとか悪いとかではなく、あなたが、誰と、どうつき合いたいのかで選べばいい。どちらも選べるニュートラルなポジションでいるために、何よりあなた自身が、まずはフラットな視線でいることが重要なのです。

フラットなポジションをキープする「心の筋力」を鍛えよう。

Q
Question
6

愛想笑いが苦手です。そのせいか、
あまり上司や取引先との話が
弾まない気がするのですが、
何か上手な対処法はないでしょうか？

A
Answer

「愛想笑いが得意な人」と、「愛想笑いが苦手な人」の違いはなんでしょうか。

その場をごまかしたい人にとって、愛想笑いは最強の武器となります。

逆を言えば、「愛想笑いが苦手な人」は、その場をごまかしたくないという人。

だから、愛想笑いを武器にする必要などないのです。

それなのに、「愛想笑いが苦手な人」は、なぜ必要のないものを使おうとするのでしょうか。

それは、何もごまかしたくないのに、何かをごまかさなくてはいけないと無自覚に思っているからです。

愛想笑いが苦手だという自覚は、あなたの心のサイン。

無理に苦手な愛想笑いを浮かべなくたっていい。

ごまかしたくて、ごまかす人にとっては、なんら無理のない笑顔。

ごまかしたくなくて、ごまかす人にとっては、無理して笑顔をつくることになる。

そもそも、愛想笑いとは、相手を気づかって、笑いたくもないのに笑顔をつくる。ようは、つくり笑いなのです。


そんなに自分を、ごまかさなくたっていい。

ごまかそうとするから、苦手意識が募るのです。


では、なんのためにつくり笑いをするのでしょうか。

相手や周囲のためでしょうか。


自分の心をごまかすためです。怒っているのに笑ったり、憎んでいるのに微《ほほ》笑《え》んで許したふりをしたり。

自分を偽って、あざむいていると、感情は抑圧されていきます。

C

Conclusion

やがて本当の自分がわからなくなります。

苦手な愛想笑いなどしないで、「そのままの自分」で相手と向き合ってみてほしい。

偽りのない、誠実で、いま以上に素敵な、かけがえのない人間関係を築けます。

愛想笑いは、ごまかしの最強の武器。

Q
Question
7

「いい人だな」と思って
信頼していた先輩がいたのですが、
実は都合よく使われていただけだと知り、
裏切られた気分です。心から信頼できる人を
見つけるのはむずかしいですね……

A
Answer

心から信頼できる人を見つけるのは、実はそれほどむずかしいことではありません。

むずかしいのは、あなたがどんな状況においても、その人を信頼し続けることのほうです。

信頼していた人であれば、たとえ裏切られたとしても信頼し続けます。あなたは先輩を「信頼していた」のではなく、先輩に「期待していた」のかもしれません。


「裏切られた」という気分。それは何に対して、そう感じているのでしょうか。

あなたが過去にされたことに対して。

あなたの現状に対して。

もしくは、未来に対してでしょうか。


「未来に裏切られた」というのは、そもそも不可能。未来は、裏切るであろうということが予測できたとしても、実際にはまだ起きていないので、本当に裏切られるかどうかはわかりません。

多くの場合、過去に裏切られた経験が、「またいつか裏切られる」という疑念を生んでしまうのです。

想定外のことが起こったとき、誰もが動揺します。感情がある以上、不安になったり、苛立《いらだ》ちを覚えたりするのは当然のこと。

けれど、捉え方や感じ方を変えれば、心の在り方は変えられます。

少なくとも相手は、あなたという存在によって助けられたことは事実です。にもかかわらず、相手の力になれたことを、なぜ損をしたと思うのか。

とかく、人は「損をした」「得をした」という、何かしらの見返りを期待してしまうもの。

「相手の期待に応えること」と、「自分の期待に相手が応えてくれること」は、必ずしも一定量ではない。

C

Conclusion

であれば、何か相手にしてあげることは、損ではなく、得を積むことと捉えてみる。「もらう一方」の気まずさよりも、与える喜びで満たされる人生を送りたいとは思いませんか。

人生にとって大切なのは、あなたの外側で起きた突発的な事件ではなく、そのときあなたが何を思い、どう対応したかのほう。それを絶対的に大切にすることです。

突発的で思いもよらない想定外の事件が起こること。それ自体があなたのマインドにとって、最高のトレーニングになるのです。

「都合よく使われた」と思うから腹が立つ。
「力を貸した」と捉え直せば、ヒーローになれる。

Q
Question
8

よく「首尾一貫性がない」と言われます。
自分には、そのつもりはないのですが、
どうやら周囲の人に
迷惑をかけているようなのです。
僕はどうしたらいいでしょうか?

A

Answer

首尾一貫性がある人とない人の違いは、ひらめきで動いているかどうか、論理的に動いているかどうかです。

首尾一貫性のない人にも二通りあって、情報次元にアクセスできる「ひらめきタイプ」と、物理次元に反応する「思いつきタイプ」がいます。

ひらめきタイプの人は、目に見えない情報をキャッチして反応する。それゆえ、周囲の人をハッと驚かせる。

思いつきタイプの人は、物理的に反応するので、目に見えるものに順応する。だから目に見える迷惑をかけてしまう。

よく「頭の回転が速い」とか「頭がキレる」と言われている人は、前者のひらめきタイプ。

まだみんなが気づいていない情報を本人は見出しているので、時間軸がズレる。そのため、テンポが人より早まりズレが生じる。

ヒットメーカーは、まだ起きていない情報、まだ人が認識できていない何かを売り物にしようとする。

だから、これまでにないヒット商品を創り出すことができるのです。

逆に思いつきタイプの人は、これまでのヒットの中から、「いまはこれが流《は》行《や》りです、あれが流行りです」と、コロコロと思考を変える。それゆえ、「首尾一貫性がない」という状態になる。

目に見える変更をするため、周囲の人が首尾一貫性のなさに気づきやすく、すぐバレてしまうのです。

ひらめきタイプの人は、「首尾」のどちらも自分にあるため、自分自身に一貫している。

思いつきタイプの人は、社会においてのベストに、自らが振りまわされた状態にある。自分に「首尾」のいずれもついていないため、人の尾にしがみつき、振りまわされて、いつか振り落とされる。

さらに、そこの尾についた人は、はた迷惑な状態にさえおちいります。

両者の最大の違いは、ひらめきタイプは、ひらめきが自分の内側から溢《あふ》れ、思いつきタイプは、自分の外側のことに反応しているということ。

人間というのは、自分の見たいものにピントを合わせ、近視眼的に物事を捉えてしまう。自分の見えている世界におさめようとして、レンズのしぼりからはみ出たところは見落としてしまうのです。

「世界は立体的に存在している」

つまり、角度や高さを変えて見れば、現状、目に見えていない潜在的な情報が無限に見えてくるのです。

にもかかわらず、多くの人間は、その物事を立体的に見る３Ｄレンズを持っているのに、まだ装着できずにいる。

だから、ピントが合わないのです。


私が主催するマインド塾では、その３Ｄレンズを活用するためのメンタルトレーニングをおこないます。

あなたも、その３Ｄレンズを持っています。

それこそが、人間が持つ潜在能力なのです。

C
Conclusion

物事を「立体的」に捉えられる3Dレンズをかければ、あなたの潜在能力は引き出せる。

2時限目

会社の中にこそ、
自分の殻をやぶる
チャンスがある

Q
Question
9

会社の先輩たちの中には、
出世して係長や課長になっている人と、
そうではない人がいます。
人生のチャンスを掴めた人と、
掴めなかった人の違いはなんでしょうか？

A

Answer

野球のファインプレーは、ボールがやってくるより前に体が反応しないと生まれない。

ボールが飛んできてからではなく、ボールが飛んでくる前に予測して反応する。

つまり、チャンスを掴むには、チャンスを待っていてはいけない。

チャンスを待っている時点で、チャンスは掴めない法則になっている。チャンスを待った瞬間から、掴むつもりがないマインドとなる。

チャンスを掴むつもりのある人は、体が前のめりに反応するので、意識は、無意識に未来のチャンスを掴みにいっている。チャンスメイクしているのです。

チャンスを掴める人は、チャンスを求めて、待ち構えて、自ら創り出すのです。

チャンスを掴めない人は、チャンスは自分には回ってこないと思っているので、チャンスを見逃してしまう。

そこを曖昧《あいまい》にすると、「チャンスを掴めるかどうかは、〝運〟がいいか悪いかの問題だ」と、人は思ってしまいます。

すると、

「自分は運が悪いからチャンスを掴めない」

「運のいい人はいいなあ」


とやるせなくなり、チャンスを掴むこと自体を諦めることになる。

チャンスを掴めるかどうかの最大の分かれ道は、チャンスを掴むためのマインドを生み出せるかどうか。つまり、そのためのマインドにセットアップできるかどうかなのです。

それゆえ、メンタルトレーニングすることで、チャンスというのは誰もが創り出せるようになれるのです。

性格や能力はそのままに、意識の扱い方をトレーニングすることで、思うがままの人生を送ることはできるのです。

チャンスを掴めない人は、過去という現実を見ているだけ。目に見えている世界だけに意識が向いてしまっているのです。

チャンスを掴める人は、まだ起きていない未来を見ている。目に見えていない世界にも意識を向けられているのです。

それゆえ、人よりも早くチャンスを自由自在に創り出せる。

過去という現実にしか目がいかない人は、その経験や根拠がないと動けない。

つまり、チャンスを掴むための準備に時間をかける。

ちゃんと準備をするのはいいことだとされていますが、そういう人は、準備ができていないと、せっかくのチャンスが来ても「まだ準備不足ですから」となってしまいます。

当然、それではチャンスを見送ることになります。条件すべてが整っていないと、結果が出せないからです。

イレギュラーの中で、いかに結果を出せるか。それを問われています。

大切なのは、いまこの瞬間の決断ができるかできないか、それだけです。

経験があるかどうか、準備ができているかどうかではありません。

「やってみたい」かどうかで決められる人、それがチャンスを掴める人です。

C
Conclusion

準備がそろうのを待っていては、チャンスの波に乗り遅れる。

Q
Question
10

職場にはいろいろなタイプの上司がいますが、
いったい、どんなタイプの人を
「いい上司」というのでしょうか？

A

Answer

あなたにとって必要な上司というのは、あなたの未来の可能性を見ている上司のみです。

たとえばあなたが失敗したとき、次のリベンジを期待してくれる上司です。ハードルが高い課題に出くわしたとき、「無理」を「やれ」と言ってくる人です。

要は、あなたに「いいよ、無理しないで」ではなく、「できるまで無理しろ」と言う人です。

野球でいえば、監督やコーチが「この子は絶対伸びる子だ」と思ったら、ノックをするとき、その子が捕れないボールを打つもの。捕れるボールでは練習にならないからです。

捕れないボールを打つから、その子は必死になって食らいついて捕ろうとする。いつもより高く飛ぼうとする。これが本当のトレーニングです。

あなたの成長を信じているから、捕れるボールの少し先の場所にボールを打つ。あなたの未来を信じてくれている人間は、捕れるボールは打たないし、甘い言葉もかけません。

あなたの現在を見ている上司は、「やれる範囲でやってくれればいい」と言う上司です。

一見、やさしいようでいて、実はいまある能力で、あなたを都合よく活用するのみです。あなたが使えない人間になったら、即座に別の人間を使うでしょう。つまり、あなたのまだ見ぬ潜在能力を信じてはいないのです。

あなたの過去を見ている上司は、失敗することを前提としているから、それを回避しようとします。

つまり、チャレンジさせないことを前提とするのです。それは、あなたの失敗をこうむりたくないからです。

「チャレンジしろ」と言う上司は、たとえあなたが失敗したとしても、「次はやれるはずだ」と、未来のあなたに期待してくれます。

Conclusion

あなたにとって必要な人間が誰であるかを見極めることも、自分を成長させる法則のひとつです。

あなたの未来を信じてくれる上司こそが、あなたの潜在能力を引き出してくれます。

そんな上司がいたら、食らいついてでも、その人を放さないことです。まして、逃げ出すなんてもったいない。

あなたが、まだ出逢ったことがない自らの力と出逢わせてくれる存在を、この先あなた自身が求め続けていくことです。

あなたの過去やいまではなく、未来を見てくれる上司こそ、あなたを成長させてくれる。

Q
Question
11

会社に行っても
雑務ばかりでイヤになります。
やりがいを見つけるには
どうしたらいいでしょうか？

A
Answer

あなたの言う「雑務」というのはどんなものでしょうか。

そもそも「雑務課」という部署を聞いたことがありますか。

あなた自身が、いま与えられている仕事を「雑務」と呼んでしまった瞬間に、あなたは雑用係となるのです。

そう呼んだ瞬間に、会社でのあなたの価値は引き下がります。

やりがいというのは、価値ある仕事について、はじめてわき起こるものです。価値のない仕事につけば、やりがいは途端に消滅します。あなたが自分の仕事を「雑用」という価値に位置づけたのです。

けれど、あなたの仕事は、雑用なんかではないはずです。会社において、「雑用」を担当する部署などないからです。


仕事というのは、そもそも、会社に出社している時点で無限に存在しているものです。

それは、いま目の前に置かれている書類を作成すること。

明細書を確認すること。

コピーを取ること。

宅配便を出すこと。

目の前にまだ来ていない仕事も、当然、業務の一環になります。

一週間先の会議の資料作りから、来期のプロジェクトに向けてのプレゼン資料の作成まで。

これから先かかわっていくであろう、すべてのことが業務なのです。

ましてや、過去に取ったはずのアポイントメントが取れていなかったことが、今日発覚すれば、その対応に追われ、今日やるべき仕事は二重に増えてしまうかもしれない。

自分だけのことではなく、同僚や部下、そして上司のしでかしたミスによって、明日の自分が被害をこうむることも出てくる。

そういった無限のリスクの対応に追われる時間に忙殺されること。それもまた業務の一環なのです。

どれが雑務で、どれが本業で、何が大切で、何がいらない仕事なのか。

C

Conclusion

会社において、そんなことは、状況次第で決められないことです。社運をかけるビッグプロジェクトを、創案する業務があって、それを実行する業務があって、そこで抜け落ちた何かを補填《ほてん》する業務も、やがて必要となる。そこに「雑務」という業務は存在しないのです。

雑務としか思えない、マインドの在り方をなんとかすること。

どんな業務においても、価値ある仕事として向き合うことです。

あなたが、価値を見出《みいだ》すことができれば、すべては雑務ではなくなります。

そういった人材を、会社もまた大切に扱います。価値ある仕事を、誇りを持ってこなすことに、対価である給料が支払われるのです。

雑務という業務は存在しない。

Q
Question
12

会社に不満があるのですが、
上司や先輩、同僚たちには言えなくて……
不満は募る一方です。どうしたら、
この不満を解消できるでしょうか？

A

Answer

まずはその不満の出所と向き合うことです。

不満があるのは、けっして悪いことではありません。なんとかしようと感じることがあるということだから。

つまり、不満があるということは、何も感じず言われるがまま仕事をしているのではなく、会社の問題点を何かしら見出せているということ。

その不満を不満のままにしておくのではなく、会社にとって欠けていること、必要なことは何なのかを明確にし、課題に置き換えてみる。それができれば、あなたは職場のリーダーになります。

ただ文句を言っているだけでは、リーダーであろうとなかろうと、やっかいな社員になってしまう。

あなた自身が、

「どうすれば、いまの現状を、この先変えていけるだろうか」

といったリーダーの視点を取ることができれば、いままでとは違った景色が見えてくるはず。

たとえば、もし自分が上司の立場だったら、部下にどんなふうに働いてほしいのか。もし社長だったら、どんな会社にしたいのか――。

そんなふうに、上司や社長、あるいは先輩や同僚など、自分とは違う立場の人の視点に立って仕事に取り組めば、きっと働くのが格段に楽しくなっていきます。

自分には無理。

そう思っているのだとしたら、本当にもったいない。

不満というのは、自分のこれまでのキャパシティーを超えるときに生じるもの。

「これまでの自分の力ではどうにもならない」

と人は小さなフレームに留まろうとする。そんなときこそ、

「自分の力はこんなもんじゃない」


そう自分に言ってほしい。

脱皮するチャンスは、いつだって、どこにだってある。

「できない」と思っていることを「やってみる」ことで、あなたの潜在能力を引き出すことは、いつからだってできるのです。

C
Conclusion

やっかいな不満こそ、あなたの成長の起爆剤になる。

Q
Question
13

いまやっている仕事は、
本当はやりたい仕事ではありません。
我慢しながら働き続けたほうがいいのか、
さっさと辞めて次を見つけたほうがいいのか、
どちらでしょうか？

A

Answer

いまのまま会社に残ったとしても、このまま辞めて別の会社に行ったとしても、あなたは結局、やりたい仕事に出逢えません。

どちらの選択も、ネガティブなマインドのものだからです。

組織に身を置く仕事につく場合、必ずしも「やりたい仕事100%」という人などほとんどいません。

ほとんどが、「やらなければいけない仕事」として存在しているから。それが業務です。

給料をもらう以上、やるべく任務と責任が与えられます。

その対価を、給料としてあなたが手にしているからです。

さっさと辞めて、別の会社に行ったとしても同じことです。そこから逃げて別の場所に行ったところで、それは変わりません。

いま、あなたにとって問題になっているのは、我慢することでも、辞める勇気がないことでもない。

自分の仕事が100％「やりたいこと」で埋まっていないこと。それに不満を抱いていることが問題なのです。

「仕事はやらなければいけないこと＝会社からの要請」を、「自分自身がやるべきこと」としてこなすことで、〝自分の選択〟と受け留め直す。

たとえば、新しいプロジェクトにかかわるとする。

そのとき「やらなければいけないこと＝ｈａｖｅ ｔｏ」を、「やりたいこと＝ｗａｎｔ」として実現させるために、「必要不可欠なこと＝ｍｕｓｔ」であると、認識を改める。

「やりたい仕事」だけを、会社で探し回ることで、あなたはこの先の人生において、数々の喪失感を抱き続けてしまう。

たとえ、いまの会社に残ったとしても、やりたくない仕事をし続けて、我慢する人生を送ることになりかねません。

C
Conclusion

ｈａｖｅ ｔｏの中で、いかにｗａｎｔの働き方を見出していくかが、あなたの仕事人生の重要な課題になるのです。

人生において最も危険なのは、問題をはき違えている自分に気づいていないこと。

Q

Question

14

入社してから、
それなりに仕事をこなしてきましたが、
なかなか自分が成長している実感が持てません。
もっと自分に自信を持ちたいのですが……

A

Answer

「自分が成長している」という実感が持てるのは、どんなときでしょうか。

いままでできなかったことが、できるようになるとき。

無理だと諦めていたことが、無理ではなくなったとき。

つまり、失敗の連続の中で、成功できたときです。

人は何かにチャレンジすることによって、「成長している」という実感が持てるのです。

自信がないから、挑戦しない。

では、自信があるから挑戦するのでしょうか。

多くの人は、チャレンジする人間を見て、

「自分もあんなふうに生きられたらいいな」

と、憧れを抱きます。その根底には、

「自分には無理に決まっている」

という、自己否定感があるのです。

チャレンジは、未来に向かってするもの。
それゆえ、予測不可能で上手くいくかどうかなんて、誰にもわからない。
未来に、根拠はつくりようがないからです。
チャレンジするのに、むしろ「根拠のある自信」は必要ないのです。
チャレンジする人間にあるのは、「根拠のない自信」だけです。
チャレンジを恐れるのは、未来に対する不安や、失敗を恐れる気持ちが、すでにあるからです。

いまの自分のフレームにおさまっていれば、傷つくことも、つらい思いをすることもない。フレームから飛び出してチャレンジすることは、自分のフレームにおさまろうとする人にとって、無謀な挑戦となる。

だから、変わらない人生を送り続けることになる。

それが、あなたの成長を阻む最大の理由です。


そもそも、自信を持とうとするから、チャレンジできなくなるのです。

チャレンジしたいのであれば、自信を持とうとしないことです。

「成長したい」と思いながら、小さなフレームの内側では、「成長したくない」という無自覚なブロックがかかっているのです。


フレームの内側に留まって、この先も変わらない人生を送りたいのか。

フレームを飛び出して、成長し続ける人生を送りたいのか。

あなたが決めることです。

C

Conclusion

「能力がない」

「自信がない」

そんなことは問題ではないのです。

そこに必要なのは、自分を超える「勇気」だけです。


根拠のない自信があなたを成長させる。

Q
Question
15

むずかしい案件を担当させたり、
山のように仕事を積んでくる上司がいます。
とくに僕を嫌っているわけでは
ないようなのですが、この上司は、
どうしてこんなことをするのでしょうか？

A

Answer

多くの人は、どうしても「できる範囲」でこなそうとする。それは、「できないこと」はマズいと認識しているから。

できることだけの能力で日々を過ごしていると、そのうち、いままでできていたことさえ、できなくなるときがやってきます。それが退化というものです。

あなたには、むずかしい案件を担当させたり、山のように仕事を積んでくる上司がいる。その上司は、自分のことを嫌っているわけではないと感じている。

それは、どういうことでしょうか。

その上司は、この先のあなたには、「きっと、これくらいのことはやってのける人間になるだろう」という期待半分で、その仕事を振ってきてくれているのです。

もし、あなたが退化に向かっていると認識されていたら、そんなに仕事を振られるわけがありません。定年間近の人に、無理な仕事を振ったりはしない。

あなたには、この先たっぷり人生の時間があります。

あなたの未来にオーダーしている、と捉えてみたらどうでしょうか。

元気な体があって、無理のきく年齢のときに無理をしなかったら、成長も止まってしまいます。いまやらなくて、いつやるのでしょうか。

時間は決して逆戻りはしません。大事なのは、十年先、二十年先に自分が何をしていたいか。そこに行きつくまでに、当然やるべきことが出てくる。それをやるために必要な能力を、いま引き出しておくことが重要なのです。

そのために自分のメンタルのタイプをちゃんと知ることです。自らのマインドを実践で活用できるよう、日頃からメンタルトレーニングをおこない、あらかじめ心の筋肉を鍛えておけばいいのです。


その上司は、あなたを信じて、潜在能力を引き出そうとしてくれているのです。たとえ、思いつきやその場しのぎで、無理なことばかりさせているのだとしても、そのおかげであなたの潜在能力が開花するならありがたいことです。

簡単な、誰でもできる仕事を一生やっていきたいのか。

誰にもできない、特別な仕事をしていく人生を送りたいのか。

むずかしい案件を担当させるということは、この先の仕事人としてのあなたを軽んじているのではなく、むしろ重んじている。そう捉えてみてください。

人は「現在どう扱われているか」に満足を得られず、とかく不満を言いたがる。「未来、どう扱われたいか」で「いま、どう働くか」を自分が決めればいいのです。

あなたの仕事のハードルが上がらない限り、あなたの能力も永遠に上がることはない。それゆえ、ハードルが上がることは、あなたにとってチャンス以外の何物でもないのです。

ハードルを避けるのは、やりがいを放棄するようなもので、面白いことや、ワクワクするチャンスをみすみす手放すようなものです。

「無理なことをやるのが仕事なんだ」

そう思っていれば、やりがいやワクワク感が生じるチャンスは、誰もが手にすることができます。

「無理を諦めない」

無理を無理なまま放置していたら、諦めることになってしまう。それでは、なんの成長にもつながらない。成長したいと願うのであれば、無理なことを見つけたら、そこに走り込むこと。

いままで無理だと思っていたことが、未来にできるようになる。その瞬間、人間の潜在能力は引き出されるのです。

C
Conclusion

無理なことに挑んでこそ、人は成長できる。

3時限目

仕事で感じた
不安は、すべて
成長の糧になる

Q
Question
16

人に相談したとき、いつも
「なるほどな」と思って聞くのですが、
なかなか実行できないでいます。
頭で思っても行動に移せないのは
なぜでしょうか？

A

Answer

何かを伝えた瞬間に、それを自分の「モノにできる人」と、「モノにできない人」がいます。

「モノにできる人」は、つねに自分を奮い立たせる何かを求めているので、ふとした「きっかけ」や「ヒント」になるような言葉を差し出したときに、瞬時に自分のモノにし、結果につなげることができます。

たとえば、スランプにおちいった野球選手に、「肉眼では見えない剛速球を、目で追いかけるから見失う」といった感覚的な真理を伝えたとき、「モノにできる人」はすぐヒットを打ちはじめます。

瞬時に「モノにできる人」というのは、物事を感覚で捉えて話を聞くので、すぐに行動に移すことができるのです。

一方、「モノにできない人」は、頭で話を理解しようと聞くので、自分がわかる範囲のことしか行動に移せません。頭で考えはじめると、人間は動けなくなるのです。

思考は、行動をストップさせます。一時停止ボタンを押し、よく考えることで、行動しない理由を無意識に見つけようとするからです。

それは、これまでやってきた自分の延長線上、つまり常識や概念のフレームの内側で生きようとする証です。

瞬時に「モノにできない人」は皆、常識や概念のフレームの内側で生きています。「モノにできる人」は、そういった自分を縛るフレームの外側で生きています。

「モノにできる人」は、むしろ自分のフレームの外側にある新しい概念をどんどん取り入れていきます。自分のフレームの外側にこそ、成長できる何かがあると、四六時中、それを求めて生きているからです。

「モノにできない人」は、新しい概念が入ってきたとき、いったん保留して、

C

Conclusion

それを人生に取り入れるかどうかをよくよく考えてから判断するのです。

そうなると当然、これまでのフレームの内側にないものは、取り入れられるはずがありません。

「新しい概念に触れた瞬間に反応を起こす」というのは、大人になればなるほどむずかしくなっていきます。知識や経験が邪魔をするからです。何よりむずかしいのは、「経験」と「未経験」を対等に扱うこと。

「上手くいった経験」に頼ったり、「上手くいかなかった結果」を引きずったりしないこと。

新しい自分との出逢いは、いつだってフレームの外側に存在しているのだから。

考え過ぎると、人は動けなくなる。

Q

Question

17

仕事で失敗が続いて、
自分なりに気をつけていたのですが、
また失敗してしまいました。なぜ、
「失敗したくない」と思っていたのに、
失敗してしまうのでしょうか?

A
Answer

人は失敗を経験すると、その痛手が大きければ大きいほど、

「もう二度と失敗したくない」

「次は絶対に成功させる」

と意気込みます。

成功するか失敗するかの可能性は、つねに未来において二分の一です。つまり、50％は成功するし、50％は失敗する。その確率はどんな成功者も変わらないのです。

けれど、自己イメージが「失敗だらけの自分」だと、どれだけ「失敗したくない」と思っても、無意識が「失敗する」を意識してしまうので、結果的に失敗する行動に向かってしまうのです。

たとえば、アスリートが試合でミスをした場合、次の試合ではミスをしない

ように練習する。それは失敗の意識を強めることになりかねない。

こうした人間の無意識にかかるマインドのトリックは、人をマイナススパイラルにはめ込みます。どんなトッププレイヤーであっても、抜け出したくても抜けられないアリ地獄にはまることはあるのです。


多くの人間は、何か新しいことが起きたり、自分がこれまで経験していない何かが目の前にやってきたとき、受け入れられずに逃げようとするのです。


逃げるにもふたつのタイプがあって、ひとつは問題そのものを潰そうとするタイプ。たとえば、一度失敗した経験のある仕事、やったことのない仕事を任されたとき、「なに言っているんですか」とか「自分には無理ですよ」と、大急ぎでその可能性を閉ざそうとする。

もうひとつのタイプは、受け入れようとするふりをしつつ、丁重にお断りをする。問題を遠ざけて、スルーしようとする事なかれタイプです。

いずれにせよ、問題から逃げるのは、「失敗したらどうしよう」と思ってしまうから。その瞬間から、失敗することが前提となり、それが失敗の確率をグッと高めてしまうのです。

成功率を高めたいなら、何か新しいことが起きたり、未経験のものにチャレンジする瞬間、「成功できたらどうなるか」とワクワクすること。

「成功するかしないか」ではなく、「成功したい」と思うこと。

未来のことは、誰にもわからない。だから、根拠なんかなくたっていいのです。未来に根拠は、つくりようがないのだから。それは誰においても同じこと。

失敗を恐れることなんてない。未来どうなりたい、こう在りたいという自分は、いつだって勇気をくれる。

C

Conclusion

失敗を避けようとすればするほど失敗する。

Q
Question
18

真面目に仕事をこなしている自分が、
同僚に比べてあまり報われていない気がします。
それって理不尽だし、
不公平だと思うのですが、結局、
真面目に働いてしまう自分がいます……

A

Answer

「真面目に働いているのに、自分は報われていない」

「自分はこれだけやっているのに、見返りがない」

「〇〇なのに、〇〇ない」


ここに潜んでいるのは徒労感です。

多くの人は、「真面目にやれば上手くいく」と思い込んでいるから、そこに誤算が生じるのです。


あなたの無自覚な不満は、真面目なのに上手くいかないこと。

そして、何より問題なのは、真面目というフレームの内側から出られなくなっていること。


「真面目に生きたら、幸せになれる」

この概念が、あなたを苦しめてしまう。

すべてを真面目のせいにして、真面目を隠れ蓑《みの》にして、本当の自分を抑え込む。真面目になんか生きたくないのに、我慢して真面目をやるから、ストレスや不満が募るのです。

「こう在るべき」というフレームに、自分を無理やりはめ込んでいませんか。そんな自分に疲れてはいないでしょうか。

それでは「こうしたい自分」をどんどん見失っていきます。

頭で「こう在るべき自分」を求めても、心はそれを求めてはいないため、頭と心がバラバラの状態になるのです。

真面目に生きることが、正しいとか間違っているとかではなく、「その真面目さが誰のためのものか」が重要なのです。

1、他人にとって真面目。
他人の都合で生きることになりかねない。
2、自分にとって真面目。
それは在りのままの自分に素直に生きること。


実のところ、「こう在るべき」というフレームにおさめがちな組織の中では、真面目な人に勝ち目はないのです。

上司は、真面目に働くことより、要領よく働くことを求めている。機転をきかせられる人を必要としているからです。

予定調和の働きぶりよりも、柔軟に対処できる能力が、組織では評価されるのです。


もし、あなたが本当に報われていないと思っているなら、真面目に働くのをやめてみたらいい。

人は、真面目に生きることで、何を手に入れて、何を失っているのでしょうか。

真面目に生きるということは、誰かにとって都合のいい状態に留まっているということでもある。

「我がまま」に、「在るがまま」に、「素のまま」に、もっと人間、素直になっていいのです。それで何かを失ったりはしないのだから。

C

Conclusion

真面目さは、武器にならない。

Q

Question

19

上司から「プロ意識を持って仕事するように」
と言われます。ただ、改めて考えてみると、
そもそも「プロって何?」という感じがします。
いったい、何をもって
「プロフェッショナル」というのでしょうか?

A

Answer

私は「プロフェッショナルマインド」を育成する講座を毎月主催しています。たとえば、「自分はプロになれるでしょうか？」と問う人はアマチュアマインドです。

その人は、なれるかなれないかは状況次第だと捉えているからです。「なれるかどうか」ではなく、「プロになる」と決める覚悟が、その人をプロフェッショナルにします。

「プロとして何ができるか」
「クライアントの人生をどう考えるか」

つねに能動的なエネルギーでクライアントと向き合う。それがプロフェッショナルマインドです。

プロフェッショナルマインドとは、一言でいえば、感動を生み出せるマインドです。どれだけ経験を積んでも、アマチュアマインドから抜け出せない自称プロは多くいます。

むしろ、本物に出逢う確率のほうが低いかもしれません。

だからこそ、本物のプロフェッショナルを目指すことに価値があるのです。


資格をとっても、クライアントを満足させられなければ、職業として成り立たない。「現実は厳しい」のではなく、「プロになる」と決める覚悟がないアマチュアマインドだから、現実を厳しいと思ってしまうのです。

私の講座では何より、そのプロとしてのマインドの根っことなる軸を大切に育てていきます。それがないと、いくら実の生《な》り方、花の咲かせ方を知ったところで、いずれ根腐れするからです。


世の中に必要な価値を生み出せば、それがビジネスになります。

お金を払ってでも、それを求める人がいるからです。

それは、たったひとりの人間が欲しいと思うことからはじまる。

必要でないものを大量に生み出せても、欲しがる人間はいないので、それは無用の長物となって経費ばかりがかさみ、ビジネスとしての継続は不可能です。

たとえば、同じ商品を買うにしても、AさんとBさんの、どちらから買いたいか。そこにも違いが生じる。

どちらに価値を感じるか。それは、買う人の感動の大きさで選ばれる。

感動を売り物にできる人間が、プロフェッショナルとして高いランクで君臨していく。

それは目に見えないモノだから、同じことを同じタイミングで考えつき、商品化したとしても、そこには目に見えない「プラスα」の価値の差が出てくる。

それが感動を売る人間と、モノのみを売ろうとする人間の違いです。

感動を生み出すのは商品だけとは限らないのです。働く人間こそ「プラスα」の価値を生み出すことで、人々に感動を与えられるのです。自分の在り方次第で、プロフェッショナルとしてのランクはいくらでも上げられる。

言われた以上のことをやる。

言われる前からやりはじめられる。

それが職場においてのプロ意識です。

C
Conclusion

逆に、言われてからやる。

言われたことができていない。

言われたことさえやろうとしない。

そういった意識は、プロフェッショナルを遠ざけます。


目に見えない「プラスα」の価値を生み出せる人。

つまり、相手の中に感動を生める人。

この「プラスα」の価値が、プロフェッショナルとしてのその人の価値となっていくのです。


目に見えない「プラスα」の価値を生み出せる人が、プロフェッショナル。

Q

Question

20

社外でも一生懸命勉強していますが、
それが肝心の仕事の成果に結びつきません。
最近では、僕がやっていることは
時間の無駄なのかと、
不安を感じてしまうこともあります……

A

Answer

自分のやりたい仕事に関する知識を増やすのは大切なこと。それ自体は悪いことではありません。けれど、知識を完璧に吸収したから上手くいくかというと、そうでもないことが多いのも現実です。

勉強した知識を捨てる必要はない。けれど、学んだことが身になっているかどうか、結果に結びつくかどうかと、勉強した時間は決して比例しない。

頭で学ぶと、勉強した気分はアップするけれど、実際それをやれるようになっているかは別の話。

実践で結果が出ていないということは、それがひとつの真実でもあります。にもかかわらず、人は頭に詰め込もうとしてしまう。

大切なのは、心で感じる体験学です。

心に響く勉強をしない限り、自分を成長させることにはつながりません。

大切なのは、自らの在り方、生き方に影響を与える勉強法です。

私のメンタルトレーナー養成塾では、すべて体感をともなうトレーニングをおこなっていきます。頭を使うのではなく、心を動かす勉強です。

すでにプロのメンタルトレーナーとして活動しはじめている人も多くやってきます。

メンタルトレーナーとは、心を扱う仕事です。

にもかかわらず、知識やスキルを頭に入れる方法で、勉強しようとし、あとから苦労している人がとても多いのです。

その結果、壁にぶち当たったり、思い描いた成果を生み出せずに、プロの道から外れてしまうのです。

私の塾がモットーとするのは、心の扱い方を実体験として学ぶこと。

学んだ知識や情報を、クライアントの人生のために活用できる自らのマインドそのものを磨き上げることです。

多くの人は、自分の足りていない何か、できていない不安、経験の少なさ、つまり自らの未熟さを埋めようと、武装するための勉強をしてきてしまっている。自分の外側から何かを取りつくろうとしてしまう。

私が大切にするのは、自らのマインドを武器にすること。

そのマインドを磨きあげていくための勉強をおこなうこと。

心を扱う仕事にもかかわらず、心以外のスキルでなんとかしようとしても、実践の現場では通用しないのです。

メンタルトレーニングにおいて試されるのは、トレーナー自身の潜在能力なのです。心という目に見えないものを扱う仕事にとって必要なのは、表層的な知識ではなく、潜在意識の活用です。

どんなスキルや知識を持っているかより、それを扱う人の心がどう在るか。勉強が大切なのではなく、勉強することによって、その人の心の在り方がどう変化するのか。

人としての在り方や感じ方が、何より大切なのです。

人は、丸腰で何も持たずに裸の心で向き合ったとき、はじめて自分がいかほ

C

Conclusion

どのものかを知ります。

メンタルトレーニングにおいても、知識の武装や軽妙な言葉のやり取りが、大切なのではありません。

相手の心と向き合う上で大切なのは、その人の言葉にならない想いを、どれだけ感じ取っていけるかということ。

相手の心の根っこにある、本人がまだ気づいていない無自覚な可能性に光を当てて、希望を見出すこと。それを自ら学びとることです。

それが、メンタルトレーニングの核となるのです。

言葉や知識をたくさん知っていることよりも、言葉にならない想いを感じられる人間のほうが、はるかに強いのです。

不安や自信のなさを埋めるための勉強では、成果は出せない。

Q
Question
21

仕事のノルマが上がり、
達成することがむずかしくなってきました。
「できそうもない」と感じる仕事が多く、
取り組むのにも尻込みしてしまいます。
どう前向きに捉えたらいいでしょうか？

A

Answer

達成するかしないかで仕事に取り組むと、「達成しない」が前提になってしまう。

「達成できない」は「失敗したくない」という感情を生み出すからです。

人間の脳は否定形を理解しないので、逆に「失敗」を強く意識するようになるのです。

そのうち、失敗が前提の人生になっていくので、できないことを探し回る人生になる。

すると、失敗を遠ざけるために仕事をするようになる。

言葉では「達成したい」と言いつつ、結果的に、失敗を強く意識し、生じる不安をなんとかはねのけながら、ビクビク仕事をすることになる。

だから、尻込みしてしまうのです。

やがて、「できそうだ」と感じる仕事だけを、無意識に探すようになる。失敗を避けたいからです。

そして、できることだけやる人生が、よい人生なのだと、自分に言い聞かせるようになる。

「できないこと」を排除するために、「できそうなこと」をやりたくもないが選択する。

これは「ネガティブなポジティブ思考」です。

後ろ向きが前提な人生を送る中で、前向きな思考を取り入れても、ポジティブになりようがないのです。

それゆえ、「ネガティブなポジティブ思考」の人は、やがて動けなくなって、人生に一時停止ボタンを押す。

後ろ向きは後ろ向き、前向きは前向き。

結局、尻込みする人生を歩むことになる。

「失敗が前提」の働き方ではなく、「達成が前提」の働き方をすることで、「ネガティブなポジティブ思考」から、「ポジティブなポジティブ思考」、つまり、

C

Conclusion

真のポジティブが生まれる。
そんな人生を歩みたくはありませんか。

できることだけやっていたって、ワクワクもドキドキもしない。
できないことをするから、ワクワク、ドキドキするのです。

もし、あなたが「できそうにもない」ことに出くわして、「うわ、どうしよう」と心臓がバクバクするとしたら、それは「ネガティブなポジティブ思考」ということ。偽のポジティブです。
そんな動悸、息切れをする「年寄りじみた生き方」はやめましょう。

できることをする人生ではなく、できないことをする人生のほうが楽しい！

Q
Question
22

仲のよかった同期が、先に主任になりました。
こなしてきた仕事の「量」なら
負けていないはずですが、
同僚はいわゆる天才タイプで、
たしかに「質」では負けています。
どうすれば彼のようになれるでしょうか？

A
Answer

仕事で「できる人間」になりたいと思ったとき、目指すのは次のふたつです。天才タイプか、秀才タイプか。

この大きな違いは、天才タイプは「非凡」であり、秀才タイプは「凡」である。

天才タイプは、言われたことを一瞬でモノにできる人。教えられてもいないのに、できてしまう人。

秀才タイプは、教えられたことを自分のモノにするため、努力ができる人。

どちらがいいか悪いかではなく、自分がどちらのタイプになりたいかということです。

「天才にはなれない。なぜなら自分は凡人だから」

そう言って、天才的に生きる人生を放棄している人が多い。けれど、

「秀才にはなりたくない。なんだか大変そうだから」

と言って、秀才を目指したとしても、途中で努力することを諦めると、やはり凡人の人生を歩むことになる。

結局のところ、凡人である自分を、よしとしているのです。

ここにマインドのトリックがかかっているのです。

非凡で生きるために必要なものは、覚悟です。

秀才のルートと、天才のルートがあって、どちらのルートをたどったとしても、その先にあるのは潜在能力を発揮する非凡の人生です。

どちらのルートをたどりたいかは、自分が決めること。多くの人は、その手前で選ぶことを放棄している。

潜在能力を発揮できるかどうかは、できるかできないか、ではなく、そんな生き方を選べるマインドになるか、選べないマインドのままでいるかだけなのです。

子どもというのは、みんな天才です。誰に教えられなくても、やりたいと思ったことを実現させていきます。

見よう見まねで、できないことをできることに変えていき、親が驚くほどの成長ぶりを見せる。目を離したすきに、様々なことをやらかすのです。

それが、天才という生き方です。多くの人は大人になる過程で、凡人として生きるように教育され、非凡である天才という生き方を自ら封印してきているのです。

天才は、すぐにやってしまう人間のこと。聞いた先からやってのける人。教わりながらやっちゃう人。聞いてないのにやれる人。

こうした非凡な人間に共通するのは、奇想天外な「意外性」です。

そういった人間は、誰かの指示を待つこともなく、自分が感じるままに、仕事を拡張していく。新しいことや、これまでの人生で経験のないことにも、果敢にチャレンジする。

できてないことよりも、やりたいことを追求する。失敗よりも、成功を追い求めるから、それが評価につながっていくのです。

それゆえ、あなたが目を離したすきに出世するのです。

できるかできないかを考えている間に、とにかくすぐやってみることです。

会社においては、一時間の効率を上げること。それを目指せばいい。

「すぐやらないから、準備が必要になる」

それを多くの人は「努力」と呼ぶのかもしれません。

通常は、できないことは努力してできるようにする。それは凡人で在り続けるためには、必要なことかもしれません。

けれど、努力しない人間は論外です。

天才は、はじめた瞬間できちゃうので、努力に費やす時間が必要ないのです。

努力には、時間がかかる。その時間が、非凡と凡をわける。同じ時間で業務をこなす場合、出せる成果の質と量が圧倒的に違ってくるのです。


天才と秀才の違いは、時間をかけるか、かけないか。

会社というのは、少ない時間で、どれだけ大きな利益を生み出せるかにかか

C

Conclusion

着目する。

っている。

「どれだけ頑張ったか」の量ではなくて、「何を生み出せるか」の質。そこに

どんなに努力したことを主張しても、会社にとってはメリットにはなりません。努力して三十分かかる人間と、三分でやってのける人間がいたとすれば、会社が評価するのは、三分のパフォーマンスで魅せる人間です。

会社は、努力を評価しているのではなくて、成果を評価しているからです。

あなたも、すぐやる人間になればいいだけのこと。

すぐやる人間は、最短で潜在能力を発揮する非凡の人生を歩める。

努力すればするほど、凡人になる。

4時限目

恋愛は人生において最高の武器になる

Q
Question
23

好きな人の前に出ると、
緊張していつものようにふるまえません。
だから僕は、
好きな人とつき合えないのでしょうか……

A

Answer

好きな人の前では当然、誰だっていつもの自分より気をつかいます。よく見せたいと思う。いつもと違う自分、いつもよりもっといい自分を見せようとするから、「不自然」になってしまう。「自然」にふるまえないから、すべてがぎこちなくなってしまうのです。

たとえば野球選手でも、代打に立って、

「ここで打たなかったら、監督の信頼を失うかも」
「結果が出なければ、二軍落ちだ」

といった誰かの期待に応えようとすると、上手くいかなくなってしまう。「ここで打たなければマズイ」という力みが邪魔をするから、いつもの自分がやっていることすら自然にできなくなるのです。

そして、いつもなら打てるはずのボールを見逃して、肝心なときに打てなくなってしまう。これは恋愛にも当てはまる。誰もが持つ「人間の心理」の根源的なトリックなのです。

好きな人に好かれたい。好きな人から見て、どうでもいい人にはなりたくない、特別な人になりたい。なのに、好きな人からは相手にされない。なぜか、どうでもいい人からは、好かれてしまう。

それは、あなたが好きな人にとって、いいところを見せようとして、「いい人」になろうとするから。けれど、「いい人」というのは、結果的に「どうでもいい人」になってしまうのです。

だからいつも、好きな人に好かれない。これこそが、マインドのトリックなのです。あなたが好きな人の前で、「いい人」になるのをやめれば、「特別な人」になれるのです。

いつもと違う特別な気分のあなたも、本当のあなたです。

好きな人の前で緊張しまくって、自分でもわけのわからないことをやらかす

C

Conclusion

「どうでもいい人」から卒業したければ、「いい人」をやめればいい。

自分。そうしたあなたを、「自分ではない自分」として扱わないことです。

恋愛において大切なのは、本当の自分、つまり等身大の自分を好きになること。そんな自分を楽しむこと。

それが、恋愛の醍醐味で、本当にあなたがしたいことのはず。

願望を現実に変えるのは、相手ではなく、あなた自身の「好き」というマインドなのだから。

好かれるかどうかは相手次第。相手を好きでいたいかどうかは自分次第です。

だからこそ、いつだってドキドキさせられる。それゆえ、恋は盛り上がるもの。

やめたければいつだってやめられる、それが恋の本質。相手次第の恋から、自分次第の恋にシフトすることで、ずっとあなたの恋は楽しくなります。

Q
Question
24

僕は女性に失言してしまうことがあるようなのですが、
自分ではまったく悪気はありません。
いったい、僕はどうしたらいいのでしょうか？

A
Answer

ある二十代の男性の話なのですが、ブルドッグを飼っている同僚の女性から、「私の犬、かわいいでしょう?」と、スマホの待ち受け画面を見せてもらったことがあったそうです。

そのとき、彼が「かわいいね。きみに似てるね」と返したところ、隣の女性社員が「クスッ」と笑った瞬間、彼女の笑顔は一瞬で凍りつき、以後、口を利いてくれなくなったそうです。

その彼は、「僕は褒めたつもりで言ったのに……だって、悪気はなかったんですよ?」と言い訳していましたが、言われた彼女からしてみたら、それは悪意以外の何物でもなかったのです。

失言というのは相手の受け止め方次第で、よくも悪くも変化します。

Aさんにとっては失言だったとしても、Bさんにとっては褒め言葉になることだってある。

いつ、どんなシチュエーションで、誰に、どのように伝えるかで、伝わり方も変動する。

女性とは、気分次第の生き物なのです。

「かわいい」のほうに反応して喜ぶときもあるし、「ブルドッグに似てる」のほうに反応して怒るときもある。

問題なのは、この彼と同じで、あなたが自分の悪気に気づけていないということです。

悪意がなくても、相手が失言だと受け止めてしまった以上、それはどんな言い訳をしても失言なのです。

あなたが無自覚な悪意に対し、「悪気がなかった」と言い続けることで、状況はいよいよ悪化します。

悪気があろうとなかろうと、大切なのは、その相手の感情です。

気分を害した相手の感情をなんとかしない限り、あなたの本意は伝わらず、

C

Conclusion

不本意な状況から抜けられなくなります。

近づきたいのに、ふたりの関係は遠ざかる一方です。

悪いのは誰かという問題ではなく、悪気がないのに気づいていないあなたと、悪気がないのに、悪気があると感じている彼女との相違が生じているということ。

そこの境を埋めていくことが先決です。

誤解は、解かれるまでは、相手にとっては真実なのです。

女は気分の生き物である。

Q
Question
25

もう長いこと彼女がいないのですが、
なかなかいい出逢いがありません。この先、
ずっとひとりでいるのかと思うと不安です……

A

Answer

あなたは、恋人にするとしたら、どちらの人を選びますか。

ひとりでいる時間に楽しみを見出しながら人生を送っている人と、ひとりでいる時間を持て余しながら人生を送っている人。

ひとりを楽しめる人は、他人との時間も楽しむことができます。

けれど、ひとりを持て余す人は、他人との時間も持て余す。

結局のところ、自分の時間を上手く扱うことができる人は、人生をも上手くマネジメントできるのです。

たとえば、ひとりの時間をつぶすために、とりあえずSNSやLINEをやる。


「彼女がいないよりは、いたほうがいいだろう……」

「とりあえず、出逢わないよりは出逢っといたほうがいい」


その程度ではじめるつき合いは、続けていくことにも支障がいずれ出てくる。

C
Conclusion

「ひとりになりたくないから」という理由で関係を続ける。そうすることで、ひとりでいられない自分をごまかそうとしている人は、意外にも多い。あなたのいま抱えている問題は、彼女がいないことではなく、ひとりでいられないことなのではないでしょうか。

誰かといることで、その不安をごまかそうとしていませんか。
あなたが逢いたい人は誰ですか。
話をしたい人が思い浮かびますか。
無限に時間があるとしたら……何をしたいですか。
いつからではなく、それらをいまから、はじめてみませんか。

あなたが人生でまだ出逢っていないのは、あなた自身。

Q

Question

26

モテ本を読んでいるのですが、あまり参考になっている気がしません。僕は意味のないことをしているのでしょうか？

A

Answer

やせている人はダイエット本を読みません。

なぜなら、すでにやせているので、ダイエットのマニュアルを知る必要がないからです。それ以上やせると困るのです。

モテている人も、モテ本を読みません。これ以上モテると困るからです。

モテ本を読むということは、モテていないということです。

「モテない人間」から、「モテる人間」になりたいから読んでしまうわけです。

モテ本を読んで参考になる人は、いまモテている人だけです。

モテていないマインドで、モテ本をいくら読んでも、モテるようになるはずがないのです。

モテている人というのは、決して「モテたい」と思いません。

いまモテているので、「きっとこの先もモテるだろう」と、疑うことなく思っているからです。

「モテたい」と思う人は、いまモテていないので、読めば読むほど「この先も、きっとモテないだろう」という思いを強くする。

問題なのは、「モテたい」と思い続けることにより、あなたのマインドが「自分がモテていない」という現状の意識を強めていることに気づいていないことです。

どれだけ「こうしたらモテる」という小手先のテクニックを知ったとしても、あなたがこれから出逢う女性すべてを網羅するハウツーなど、存在するはずがないのです。

まだ出逢っていないのだから、相手の具体的なデータがない。

どのマニュアルを使っていいのかがわからないのです。

外れるかもしれないし、当たるかもしれない。むしろ、外れる可能性のほうがうんと高い。

そんな不確かな宇宙レベルの確率を上げようとモテ本を読み続けたところで、あなたはモテていない現状を続けるだけです。

好きな人に出逢ったときには、もう手遅れです。

出逢う前から実践し、その特別な女性に見合う自分になるためのトレーニングを、いまからはじめなければいけない。

理想の相手が目の前に現れる瞬間に、ベストパフォーマンスができる自分にいまから、なることです。

そのためのマインドトレーニングは無限にあります。目的はあなた自身の潜在能力を引き出すこと。

マインド塾でトレーニングを続けている塾生は、内面から輝きはじめ、それが立ち居振る舞い、風格にまでおよび、

「なんか彼、変わりましたね」

「え、あの人、本当に○○さんですか？」

とまわりの女性たちから驚かれ、モテモテになる。例外なくモテ期が到来します。

私のマインド塾は、「目に見えない心」を感じていくトレーニングをおこないます。すると直感力が備わってきます。人の無意識を感じられるようになるからです。

トレーニングをすることによって、潜在能力を活用できるようになると、意志力、自信、決断力、それらすべてのマインド力が格段に引き上がっていきます。

誰もが〈小さな自分〉から脱皮して、器の大きな人間になる。性格を変えたり、恋愛スキルを学ぶことなく、ひたすらモテる上昇気流に乗るメソッドです。

自分自身で感じて動ける人間になること。

それは、いまこの瞬間のあなたのマインドの在り方を変えるだけです。

C

Conclusion

必要のない知識や、誰かの経験を知ったところで、あなたがモテるようになるわけでは決してなく、むしろ、遠回りや大失態を生み出す確率を上げている。

そのことに、一刻も早く気づくことです。

だから、もうそんなにモテ本を読む必要はないのです。

あなたはあなた自身のマインドを磨けばいいのです。


モテ本を読めば読むほど、モテなくなる。

Q
Question
27

彼女がいたほうがいいとは思っているのですが、
自分が本当に
彼女が欲しいのかどうかわかりません。
そのせいか、彼女をつくることにも
いまいち積極的になれないのですが……

A

Answer

彼女が欲しいかどうかわからないから、行動を起こしていない。それは、別段なんの問題もない。

何が欲しいのかわからないのに、やみくもに動き回るより、ずっといい。

自分がいま立ち止まっていることを、マイナスに感じているのかもしれないけれど、あなたは「本当に欲しいものかどうかが明確にわかってない」ということをわかっている。

いま、たとえ目の前に素敵な女性が現れても、あなたはたぶん手を出さない。潜在意識が欲しいと思っていないからです。

頭では「恋人が欲しい」と思いつつ、無意識に行動を制限している状態です。

あなたは、彼女がいないことに対して、「足りていない」という喪失感や、在るべきものを持てていないという無能感を抱いているのかもしれない。

けれど、彼女が欲しいかどうかも、わからなくなっているのであれば、それは単に幻想です。

いまのあなたが、無理やり行動に移しても、その気がないので疲れるだけです。
大事なあなたの時間を、浪費することになりかねません。

いまやることは、いまやりたいことです。
未来にやりたいことを、いま見出すこと。
それが、あなたの「いま」に必要なことです。

この先、どんな人と出逢いたいのか。
その人と出逢って、何をしたいのか。

そういった実際にまだ起きていないにもかかわらず、あたかも現実に体感できているマインドの状態を創り出すこと。その期間だと思えばいい。
彼女がいる期間といない期間は等しくあって、それがたまたま、いまはいない期間だというだけのこと。

C

Conclusion

彼女がいないからといって、あなたの価値は下がったりはしない。いないときほど、自分を成長させる時間にしたらいいのです。

恋人に気をつかったり、罪悪感を感じることもなく、会いたい人に会って、行きたいところに行ける。

どんな遊びも勉強も、無限に人生に取り込み、自分の肥やしにする。

たくさんのチャレンジを経験して、プラスにできるまたとないチャンス。そう捉えてみる。

ひとりでいる時間というのは、誰にも気兼ねすることのない、自分を成長させるための最高の時間なのだから。

彼女がいない期間は、自分が成長できる絶好のタイミング。

Q

Question

28

「あなたは私をわかってくれない」

と言って振られました。

僕なりに彼女のことを考えて、
理解していたつもりなのに……

どうすればもう一度やり直せるでしょうか？

A

Answer

女性というのは、怒りと涙の生き物。寂しがり屋で、いつもプンプン怒っている。

その感情を無視すると、女の子にモテなくなります。

誰もが面倒な感情を避けようとします。

みんなが避けるから、避けないあなたに、実は勝ち目が出てくるのです。

喜怒哀楽——。

多くの人は、喜怒哀楽の「怒」と「哀」、つまり怒りと哀しみという感情を抑え込もうとする。

腹を立てるのは大人げない、寂しいことはよくないこと。そういって「怒」と「哀」の感情を人生から消そうとします。

だから、アンビバレンスになる。

楽しいだけの人生、喜びだけの人生に価値があるのか。

それは四季を、「春と秋が好きだから、夏と冬はいらない」と言っているようなものです。

冬があるから春の暖かさを喜びとして感じられ、夏が終わるから秋の美しさを楽しめる。

「喜怒哀楽」の中の二文字を抜いた人生をよいものとすると、他人の「怒」や「哀」に反応できなくなる。やがて、厄介な存在として無視することになる。

他人のネガティブな感情は、自分の感情を扱えていない以上、扱えるはずがない。無意識にスルーしてしまう。

だから、あなたは、その彼女に「あなたは私をわかってくれない」と言われたのです。

「わかっているつもりになっていた」という表面的な捉え方だけでは、相手はすべて受け止めてもらえると思えるはずがない。

人間の怒りや悲しみを避けてとおる人生に、価値はありません。
やがて、喜びや楽しささえ感じられなくなります。

ポジティブな人間は、どんなときでもポジティブ。
哀しみの中にいてもポジティブを選択する。
怒りの感情の中で、笑い飛ばせる人間こそポジティブなのです。

哀しみの中で落ち込む人間はネガティブです。
だから、哀しみを避けようとするのです。

ネガティブな人間は、ネガティブを避けようとする。
ポジティブな人間は、ネガティブな状況の中でもポジティブを生み出す。
それを、「真のポジティブな人間」と呼ぶのです。

あなたが彼女の気持ちをわかりたくてもわからなくなったのは、あなた自身が、人生からネガティブな感情をスルーし続けたから。モテるために必要不可欠な「怒」と「哀」を、ちゃんと感じられていなかったからです。

あなたがその彼女と、この先もう一度やり直したいというのなら、面倒な自分とちゃんとつき合うことです。まずは、腹が立ったら怒ること。哀しくなったら大声で泣くことです。

そんな自分を、カッコ悪いなんて思わないでほしい。

Conclusion

C

人間の「怒」と「哀」を厄介者として扱わない。

Q
Question
29

せっかく恋人ができても、
なんだか飽きてしまって長続きしません。
恋愛が長続きする人と、
しない人の違いはなんでしょうか？

A

Answer

長続きしないということは、あなたがその彼女に興味がなくなったということです。

恋愛が長続きする人は、会えば会うほど相手の魅力に気づきます。時間が経てば経つほど、その女性は、あなたにとって魅力的な存在になっていきます。

だから、手放したくなくなるのです。

長続きしない恋愛ばかりしていると危険です。

「恋愛は、手に入れるまでがいちばん楽しい」

それではゲームと一緒です。

たとえ遊びでつき合うつもりがなく、真剣につき合おうとしているとしても、それでは手に入れるところまでで完結。そこですでに冷めてしまっている状態です。

恋愛が長続きしない人というのは、ひとりの女性に対して、キャッチできる情報量が圧倒的に少ない。だから、すぐに飽きてしまう。

たとえば「彼女のここが好き」を、あなたなら何個あげられますか。

「瞳が好き」
「仕草が好き」
「頑張ってるね、と言ってくれることが好き」
「料理をつくってくれることが好き」

という外見や言葉、仕草など、いわゆる目に見えているモノを、まずあげるのではないでしょうか。

それは当然のこと。なぜなら人は、目に見える物理的な世界に身を置いているからです。誰もが自分好みの人間だからこそ、つき合いたいと思うもの。

けれど、つき合ってからあなたに必要になってくるのは、彼女の中に在る目に見えていない無限の価値に気づくこと。それをキャッチできるマインド力です。

これまでのあなたは、彼女の過去や現在だけではなく、未来の彼女の価値を、どれほど感じられてきたでしょうか。

その価値を上げるために、あなたは何ができるのでしょうか。

それが、人を幸せにするということです。

出逢ったとき、あなたが彼女を好きになったモノは、彼女があなたと出逢う前に築いてきたモノ。

あなたとつき合いはじめてから、彼女の未来がはじめて変わり、そこにあなたの価値が付加価値として乗っかっていく。

それが、高次元の恋愛パートナーの在り方です。

最悪なのは、相手が創り上げてきた価値をむしばむことです。

それが目に見えるモノであれば、彼女はどんどんブサイクになっていきます。

C

Conclusion

目に見えないモノを奪っていけば、彼女はみるみる元気をなくします。

それゆえ、あなたは彼女の未来を、いかに豊かにしていくかという情報をキャッチし続けていくことを課されているのです。

「彼女の未来に何ができるか」が、いつしか「あなたの未来」と重なりはじめます。

やがて彼女という存在は、あなたの未来そのものになっていくので、この先も永遠に、その未来を見ていたいと感じはじめる。

だから、長続きするのです。


目に見えるモノだけ欲しがるから愛が終わる。

Q Question 30

彼女が結婚をしたがっているのですが、
気乗りしません。
彼女のことは好きなので、
できれば交際は続けたいのですが、
結婚の話が出るたびに
「またか」とうんざりします……

A

Answer

「ぼくは、きみと一緒にいる時間が大好きだけど、結婚はできない」

そう伝えることができますか。もし、できないとしたら、それはなぜなのか、自分に問いかけてみてください。

「彼女を失うことが怖いから」

その場合は、結婚という覚悟がないだけ。

「自由な時間がなくなるから」
「自分の生活のリズムが狂うから」
「人生に変革が起きてしまうから」

そう思うのなら、大切なのは彼女でも結婚でもないということ。
つまり、結婚によって、何か失うものがあると感じているのです。

結婚に必然性を感じている場合と感じていない場合。このふたつは解決策が圧倒的に違う。

前者の場合は、覚悟を創ることをはじめればいい。

後者の場合は、彼女うんぬんの問題ではないので、関係のない人間を、あなたの事情に巻き込まないこと。

それと同時に、彼女が結婚したいかどうかは、あなたの問題ではなく、彼女の問題です。

いまは結婚するタイミングではなく、まずはあなたの問題と彼女の問題を互いに解決することが先決。

そこに、ごまかしの情をまじえると、ややこしいことになる。その気もないのに、

「いつか結婚しよう」

と言ってはと、彼女に要らぬ期待を抱かせてしまうことになる。

何もないところに、さもあるかのような話をすることは、相手を傷つけることになる。

それは、あなたにとっても不本意なはず。

何より自分を傷つけてしまう。

いちばん大切な相手に、そんな思いをさせたい人はいないはず。

大切な人だからこそ、ちゃんと向き合いたい。誰もがそう思っている。

そこに必要なのは勇気だけです。

あなたのための勇気、それは、相手のための勇気でもあるのです。

その勇気を生み出すのが本当の愛です。

「愛されたい」

「失いたくない」

そう思っている以上、その勇気を持つことは永遠にできない。

愛のトレーニングを積むと、人間力がつきます。愛することをおろそかにすると、人生もおろそかになる。

おろそかな人生を歩みたい人などいません。大切な人を愛することは、自分を愛することにつながります。

自分をちゃんと扱うこと。自分を粗末に扱うから、他人も粗末に扱ってしまうのです。

本当の自分は、いつも外側ではなく、あなたの内側にいます。あなたがあなたとちゃんと向き合うことで、答えは自ずと見出せる。

それをごまかしたり、先送りにすることで、幸せは遠のいていく。

幸せは、たまたまやってくるものじゃない。

C

Conclusion

運なんかじゃない。
覚悟と勇気をもって、一歩踏み出すことから生まれてくるもの。
その一歩を踏み出すマインドを創り上げていこう。

あなたの人生に起こることから目をそむけず、向き合ってみる。
そこには、覚悟と勇気が待っている。

5時限目

あなたの将来は
輝きに
満ちている！

Q
Question
31

新しいことに取り組もうとすると、
どうしても躊躇してしまいます。
なぜ、ためらいが生じてしまうのでしょうか？

A

Answer

人間は基本的に保守的な生き物です。

それは「ホメオスタシス」と呼ばれる本能的な機能。命を守り生きながらえようと、体温や血流を一定に保とうとする恒常性《こうじょうせい》維持機能がある。

これは体だけではなく、心にも働きます。


安定を求めること、危険な物事には近づきたくないと思ってしまうこと。それは、いたって真っ当なこと。新しいことに取り組もうとするとき、心にブレーキがかかるのは、人間の本能なのです。

それゆえ頭では、チャレンジしたほうがいいと思っていても、自分が未経験なもの、むずかしそうなことに対してブレーキがかかるのです。

それは、本人が「超えると危ない」と受け取るから。


たとえば、「跳び箱」です。子どもの頃、5段が跳べて6段になった瞬間、「あ、もう無理、飛べっこない」と思ったことはありませんか。

それは、その瞬間まで、5段はあなたのフレームの内側にあって、6段は外側にあったものだから。

人は無自覚に、「できること」と「できないこと」のフレームをつくり出していて、「できるかどうかわからないこと」はスルーしようとする。それは「これまでの自分」のフレームを超えることになるから。

すると、心にブレーキがかかり、それを避けるために、やる前から、

「新しいことをやったって、上手くいった例《ためし》がない」
「失敗したらリカバリーが大変になる」

そんな諦めるための自分への言い訳を探すようになってしまいます。

多くの人は、「未来は変えられる」ということから目を逸《そ》らして、フレームを越えずにいます。やらないための言い訳として、自分でできない前例を用意してしまう。

それらの根拠は、過去の経験に基づいていて、言い訳を探すことで、気持ち

は瞬時に後ろ向きになっていく。

そうして、新しいことにチャレンジするのを諦めるたびに、負のスパイラルにおちいってしまうので、ますますチャレンジできなくなるのです。

無自覚な心のブレーキが、「がっちり」かかっているからです。

けれど、これからはじめる未来のことに対して、過去の事情なんて関係ない。

まだやってもいない未来は、いくらでも変えられる。

人は、とかく過去の出来事や、自分以外の何かのせいにしてしまいがちだけど、自分に起こるすべてのことは、自分自身が招いている。

フレームは、壁を越えるためにある。そう捉えてみることです。

「越えられるかどうか」ではなく、「越えたいかどうか」。

その無自覚な「越えずにやり過ごそう」から別れを告げること。

やり過ごしたって、壁を避けたって、いつかその課題はやってくる。それを繰り返すことで、避けたはずの壁は、前よりももっと大きな壁になってやってきます。

たとえ、いままでの人生で、越えられない壁がいくつもあったとしても、この先の未来においても不安に思う必要なんてない。
壁は越えるために目の前にやってきた。
そう捉えさえすれば、この先の未来は、きっと違ってくるから。

C
Conclusion

過去は変えられないが、未来は変えられる!

Q
Question
32

「人生を変えたい」

「よりいい結果を出したい」

と思っているのですが、その一方で、

「いまのままでも悪くない」

とも思ってしまいます。

それがベストではないと、
どこかで思っているのですが……

A

Answer

誰もが、

「人生を変えたい」
「もっと輝きたい」
「いま以上の結果を出したい」

そう思っています。けれど現実は、

「なかなか人生なんて変えられない」
「結局いつも同じような結果になる」

そんな人が多い。

それはある程度、「そこそこ上手くいっているし、せっかく、いま問題なくやっているんだから」といった現状キープのマインドが根底にあるからです。

「そうは言っても、そこそこ幸せだし」と、自分を小さなフレームにはめ込もうとする。

「このままでいい」という現状維持を望んでいる人は、実のところ現状をキープしているようでいて、すでにマイナスに向かっています。

新たな価値を生み出さないでいると、現実には市場価値は下がってしまう。

これは、貯金に置き換えてみるとわかりやすい。

金利のつかない「タンス貯金」は、何も生み出していない状態にあります。

そのお金で、自分自身の将来の勉強や体験のために使ったり、投資や運用で新たな価値を生み出すといった活用法で増やすことだってできる。

ただキープしておくということは、なんら価値を生み出さないでいるということ。

本来、価値を生み出せるのに、生み出せない状態のままにするということは、価値を下げているのと一緒です。タンスのお金は、価値を生み出している状態にないのです。

「お金を増やす人」「お金の価値を上げようとする人」は、タンス貯金を決してしません。

それは、あなたにおいても同じこと。

自分の価値は、あなた次第で無限に引き出すことができるのです。

C

Conclusion

現状維持は、退化に向かう。

Q

Question

33

ビジネスでもプライベートでも
輝いている先輩たちを見ていると、
自分もああなりたいなと思います。
どうすればなれるでしょうか？

A

Answer

ひとつだけ、輝いている人たちに共通していることがあります。

それは、あなたのまわりの輝いている人や素敵だなと思う人は、潜在能力をすでに使っているということ。

いつも自分が自分に感動しているから、魅力的に見えるのです。

自分のフレームを越えたところに、自分を輝かせるきっかけやチャンスが存在しています。

あなたも、もし自分も輝きたいと思ったら、自分のフレームに留まるのではなく、そこから飛び出すこと。そうすれば、あなたが輝くチャンスは無限に存在している。

大切なのは、目に見えないモノを、自らの心で感じること。心は使わなければ、どんどん退化し、輝きを失っていきます。

目に見えない心が、あなたの目に見えない未来の可能性を拡げてくれます。

C

Conclusion

何ができたか、できないのかなんて、どうだっていい。

「この先、何をしたいか」

「何をしでかそうか」

ワクワクしながら未来の自分にときめきましょう。

それを楽しみに生きたらいいのです。

きっと気がついたらあなたも、輝いている人になっている。

心を使えば使うほど、あなたの人生は輝く。

Q
Question
34

目の前にやりたい仕事があるのに、
なぜかモチベーションが
上がらないときがあります。
どうやってモチベーションを
上げればいいでしょうか？

A

Answer

「なんとかやる気を出さなきゃ」とか、「モチベーションを上げていこう！」というのは、たとえるなら「心臓を速く動かさなきゃ」というのと同じこと。

心拍数は上げるものではなく、上がってしまうもの。

モチベーションも上げるものではなく、上がってしまうものなのです。

やる気は勝手にわいてくるもの。わいてこないなら、もしかすると、それは自分の本当にやりたいことではないのかもしれない。

本当にやりたいことを見つけることは、実はとてもむずかしいということを、多くの人は知らない。

どうしても、目の前にある身近で、すぐはじめられることに手をつけてしまう。人は確信的なことや、容易なこと、結果が想像つくことを求めがちだからです。自分のフレームの内側にあるものを、選びがちな生き物なのです。

それゆえ、不確かなもの、難解なこと、想像を超えるものといったフレームの外側にあるものを、人生から遠ざけようとする。

本当にやりたいことは、フレームの内側ではなく、外側に存在している。フレームの内側で見出したやりたいことは、取りあえずやりたいことで、本当にやりたいことなんかじゃない。

どうにもやりたくて仕方がないことは、未知のことです。

それこそが、人間の探究心というものを呼び起こすのです。

赤﨑勇《あかさきいさむ》名誉教授が、ノーベル賞を受賞した瞬間の言葉です。

「自分のやりたいことをやりなさい。それが一番だ」

本当にやりたいことだけやれば、必ず上手くいくのです。

けれど、本当にやりたいことをやれている人なんて、実は一握りもいない。

そこに行き着くまでに、相当の時間を費やすことになる。

C

Conclusion

できるかどうかわからないことにチャレンジすることで、これまでの自分では想像もつかないほどの未知の潜在能力がどんどん発揮される。

やりたいことなら、本当はなんだっていい。仕事じゃなくても、遊びでも、なんでも。

「やりたいことを見つけなきゃ」と焦れば焦るほど、かえってなかなか見つからなかったりもする。

本当にやりたいことに出逢うことすら、そう簡単じゃない。

だから、人生は面白い。

モチベーションを上げようとするから上手くいかない。

Q Question 35

物事を否定的に捉えてしまう癖があり、なかなか前向きになれません。こんな自分を変えたいのですが、どうしたらもっと物事を前向きに受け取れるでしょうか？

A

Answer

「自分を変えたいと思っているのに、どうしても変われない」

それなら、そのままの自分を肯定してあげればいい。

否定的な自分の存在を、否定する必要はない。

自分を変えようとするから、上手くいかないのです。

多分きっと、あなた自身が否定的な自分をやめなくては、人生が上手くいかないと考えているのではないでしょうか。

前向きになれない自分を、あなたは本当に嫌いになれるでしょうか。

たとえば、職場の後輩と話していたとき、なにげなく「やっぱり、入社3年以内に結果を出さなかったらヤバいですよね?」と言われて、「それって俺のこと?」と返した人がいます。

彼は、その後「どうせ俺なんて、きみみたく若くないから」と、どんどん自虐的になっていったそうです。

この男性は、自分のことを言われたわけでもないのに、後輩の言葉に敏感に反応してしまったのです。

これはひとつの例ですが、自分の小さなフレームの中にいることでいちばん危険なのは、自分の内側にある世界を限定的に捉えてしまうことです。やがて外側の世界に敵意を持つようになってしまう。


自分を否定することは、結果的に自分を傷つけることになる。

それはまるで自傷行為に等しいこと。世の中のすべてが敵に見えてきて、ますますフレームの内側で縮こまる人生を送ることになってしまう。

それは、後ろ向きの人生です。


どんなに前向きになろうとしても前向きになれないのは、自分が後ろ向きであることに気づいていないから。

後ろ向きな自己フレームから飛び出すこと。

それが前向きに生きることへとつながっていく。

C

Conclusion

そうすることで、前向きになろうとしなくても、おのずと前向きな選択ができるようになるのです。

前向きになろうとすればするほど、後ろ向きになる。

Q
Question
36

失敗することを考えると怖いのですが、
未経験のことにチャレンジしてみたい
とも思っています。どのように考えれば、
失敗への恐怖心をなくせるでしょうか？

A

Answer

自分に問いかけてみてください。

失敗することで、何を恐れていますか。

失敗したら、何を失うと思っていますか。


失敗すると信用を失う。失敗した自分はかっこ悪い。恥をかきたくない。

きっと失敗すること自体ではなく、失敗したことを誰かに知られるのが怖いのではないでしょうか。


失敗が怖くて不安な人というのは、成功か失敗かに気を取られすぎているのです。

大切なのは、成功するか失敗するかではなくて、未来に対してチャレンジしたかどうかです。人間は、限界を超えたときにこそ、はじめて自分や人生の価値、存在意義などを感じることができるからです。

たとえば、あなたがチャレンジして失敗したときに、あなたをとがめる人がいたとしても、気にしなくたっていい。

あなたは迷惑かけたと反省するかもしれないけれど、それは本当の迷惑でも失敗でもないのです。


あなたを本当に育てようと思っている人は、失敗そのものをとがめたりはしないはず。

なぜなら、未来の可能性を拡げようとしたチャレンジにこそ価値があると気づいているから。あなたの可能性を信じているからです。

失敗しても成功しても、その先をどうするかが重要だと教えてくれる人が、あなたにとって大切な人。

失敗についてあれこれ言う人は、あなたの未来を信じる器のない人。


人は、いやおうなしに年を経《と》る。経験も実績も、どんどん積み上がっていく。

それゆえ、そのフレームからはみ出すことが、強烈に怖くなるのです。

C

Conclusion

経験や実績があるから、保守的になるのは仕方ありません。けれど、いまあなたがそこに殉じる必要はありません。

チャレンジしないで失敗することを避け続けると、やがて何もしないことを選択するようになる。

若いということは、経験も実績もないということ。けれど同時に、前を行く人間よりも先が長いということ。未来が広がっているということ。

いまのあなたの最大の武器は、「未来」を人一倍持っているということです。

それはお金で買うことはできないし、逆立ちしても手に入らないもの。

何がなかろうと、それほどの価値ある未来を、あなたは持っているのです。

大切なのは成功することではなく、未来にチャレンジすること。

Q
Question
37

物を「捨てる」ことが苦手です。
机まわりを整頓しようにも、
なかなか分別ができません。
人間関係を断ち切ったりするのも苦手なので、
知り合いも増えていく一方です。
何か上手い整理法はないでしょうか？

A

Answer

整理するために物を捨てる必要はありません。

問題なのは、捨てるか捨てないか、ではなく、捨てられないことでウダウダしていることです。

捨てられない人間は、捨てることに対して罪悪感が生じます。

「捨てられない」に慣れている人は、この罪悪感が人生のあらゆる場面にわいて出てくる。

それゆえ、「罪悪感を避ける生き方＝捨てない人生」になっていく。

当然、人間関係に対しても同じことが起こり得る。

「断ち切る＝罪悪感」なので、いらない縁を後生大事に保持することになっていきます。

罪悪感から逃げるために、やがて人に会うことも苦手になっていくのです。

捨てることに罪悪感を持つのであれば、捨てなければいい。

「捨てなくてはいけない」と思うことで、いつも罪悪感から逃げることになる。

捨てたい人と、捨てたくない人がいたっていい。

問題なのは、捨てたくないのに捨てようとしている人。

捨てられずに悩んでいる人。

掃除ができるかできないか、捨てられるか捨てられないかで、人間の優劣を競い合う不可思議さ、そうした世の中の風潮の中で、捨てられない劣等感を多くの人が募らせています。


捨てることで幸せになれる人は、たしかにいるでしょう。

その半面、捨てたくないのに捨ててしまうことで、苦しむ人間もいるのです。

実際、天才と言われている人たちの中には、物が捨てられない人も多くいます。

仕事部屋や研究室、書斎やアトリエが、書類やガラクタの山だらけという偉人は、洋の東西を問わず、歴史上たくさんいる。

そういった人は、捨てたくない人であって、捨てられない自分に悩んではいない。

私の知人で、ある大学教授の書斎が、本を積み上げすぎて床が抜けそうになるといった大事件が起きた。

そこで、研究チームで、教授の書斎を掃除することにしたのです。

「これはいりますか、いりませんか？」
「この本は読んでいるんですか、読んでいないんですか？」
「捨てていいですか、捨てませんか？」

などと、学生たちから理詰めに問われ、何百冊の本を処分し、書斎がまるで生まれ変わったかのように片づきました。

けれど、その晩から、教授は熱を出して、二週間も寝込み、仕事が手につかないほどだったという。

情や愛着は、執念や執着、根気に通じるものがあります。

教授は本当に、本を処分するほかなかったのでしょうか。

レンタルルームを借りたり、ほかの研究室を利用したりして、本を移動するという手だてもあったはず。

情や愛着を断ち切って、心を痛めてまで物や人間関係を捨てなければいけないということはない。


「捨てること＝よいこと」「溜めること＝悪いこと」のように、世間一般では思われがちです。

けれど、何をいつ捨てるかは、その人が選ぶ立場にある。

他人から見ればムダな物であっても、捨てられないということは、本人にとってはムダではないのです。


捨てることで何かが変わる。

そんな期待や、捨てられない罪悪感で、大切ないまをムダにしてはいけない。

C

Conclusion

形あるものは、いつか消えてなくなる。

自分の未来にとって必要かどうか、つねにベストを選ぶことです。

捨てるものを探す生き方より、欲しいものを掴むための生き方のほうが、ずっと楽しい。


「捨てられない罪悪感」が、人生をつまらなくする。

Q
Question
38

日常がマンネリ化してきて、
「このままではいけない」
と焦ってはいるのですが、まだ若いし、
つい自宅と会社の往復だけという、
パターン化した日々を送っています。
どうすれば、
こんな日常を変えられるでしょうか？

A

Answer

若さとは、諸刃《もろは》の剣《つるぎ》です。使い方次第で、あなたの人生を切り拓《ひら》くこともできるし、逆にあなた自身を斬り刻んでしまうことだってある。

若さを売り物にした場合、日々、その価値は衰退していきます。若さの特権とは、チャレンジして失敗しても、あとがあるということ。つまり、この先の時間が、たっぷりあるということ。

それゆえチャレンジせず、失敗も経験しなければ、その未来の時間をたっぷりとムダに消費することになってしまう。

つまり、若さを武器にするどころか、持て余している状態になるのです。

変わらない自分に焦る前に、すでに持っている武器を活用できていないことに焦るべきです。「このままではいけない」と自覚しながら、日常を変えられずにいるとするならば、それは、「このままでいけるのではないか」という、若さゆえの希望的観測にすぎない。

結局、それによって、若さ全盛の「いま」という貴重な時間を、無意味なものにしてしまうことになる。

「若くいたい」という人は山ほどいるし、実際、若く見える人も、いまの時代、多くいる。けれど、その人は現実、若くはない。確実に年を経っています。

「いまは若いし」という危険な言葉には、「十年後の自分を想像したくない」という無意識の思いが隠されています。

若く見せようと生きるが、いつしかもう若くはないという現実に直面し、負のスパイラルにはまっていくのです。

年を重ねるたびに、若さは失くなっていきます。自分の若さに頼らず、年を重ねるたびに価値が増す生き方を、いまからはじめていくことです。

失っていくものではなく、増え続けていくものに価値を見出す人生を送ること。目に見えない付加価値は、この先いくらでも身につけていくことができる。

「どんな自分になりたいのか」
「どんな人生を送りたいのか」

C

Conclusion

そのために、未来の時間はたっぷり用意されています。それが、本当の意味での若さの特権です。

若さという価値は、いまこの瞬間が最高値であり、一秒ごとに過ぎ去った若さへと変貌《へんぼう》していく。若さで勝負するのではなく、つねに自分の価値を上げ続ける生き方を、本気で目指すことで日常は変わっていきます。

若さを消費する生き方ではなく、価値を生み出し続ける生き方にシフトすること。そのためのマインドを創り上げていくこと。そうすれば、この先あなたは一秒ごとに成長し続けることができます。

若さにあぐらをかくと、「いまの自分」がすり減っていく。
若さを未来の糧とすれば、〈小さな自分〉から脱皮できる。

おわりに

人はみな、多面的な存在です。

弱いだけの人や、強いだけの人なんていません。

一見、気の弱そうな人が、いざというときに芯《しん》が強かったり、普段は強気な人が、アクシデントに意外と弱かったり、なんていうことはよくあること。

誰もが、意外な一面を持っているのです。


あなたにも、誰も知らない、自分自身でも気づいていない意外な一面が、必ずあります。

それが、潜在意識のあなたです。

人生もまた、多面的です。


どんなに順調な人生を送っているように見える人でも、心の中に葛藤《かっとう》や悩みを抱えていないはずはありません。

どんなに困難が多い人生でも、喜びを感じる瞬間は必ずあります。

人生とはそういうもの。

誰もが迷ったり、つまずいたり、転んだりしながらも、希望を抱いて生きている。


私自身、人一倍悩んだこともあります。

傷ついて、くよくよと落ち込んだこともあります。

けれど、人はどんな逆境からでも、必ずはい上がることができるのです。

冴《さ》えない一日を輝かせることは、誰にだってできるのです。

強くならなくてもいい。
弱いままでいい。
どんなに傷ついていても、失敗しても、自分の人生から逃げないこと。
人生を諦めたりしないこと。
スポットライトをどんなときも自分自身に当て続けること。
格好つかなくても、格好つけること。
最後は自分という存在が答えを教えてくれること。
これは、自らの人生が私に教えてくれたことです。

自分はこんなものだと、どうかみくびらないでほしい。
自らの可能性を小さく見積もった瞬間に、人の成長はストップしてしまいます。

自分が自分の未来の可能性を信じている限り、人はいくつになっても、どんな状況にあっても、無限に成長していけるのです。

自分を信じ、本当の自分と向き合って、潜在意識に眠っていた意外な一面を見つけたときに、その人の人生は輝き出します。

私のメンタルルームに訪れる人の年齢は、人それぞれです。はじめたいと思ったときが、ベストなタイミングなのです。考えているあいだに年を経るだけです。

自分ができないと思い込んでいたことができたとき、もうダメだと思った状況から立ち直ったときの喜びや達成感は、何物にも代えがたいものです。

誰もが生まれ変わったような感動を得ることができます。

それは、あなたにも起こり得ることなのです。

一刻も早く、その感動を体感してほしい。

私は、あなたの持つ潜在的な人間力を信じています。変わりたい、成長したいと願う人間で、それを実現できない人など、存在しないからです。

私のメンタルトレーナーとしての経験の中で、ひとりとしてその例外はいません。

あなたが自らの限界に向き合い、潜在能力を発揮するその瞬間、あなた自身を応援してあげてほしい。

「できない」

「無理かもしれない」

そんな言葉が出てきたときこそ、〈小さな自分〉のフレームから脱皮するチャンスです。

あなたの内側には、潜在能力というとてつもない力があるということを、どうか忘れないでください。

あなたのマインドは、鍛えていくことで必ずこれまでの自分から脱皮できます。

その脱皮したあなたのマインドで、自らの人生を切り拓いていってください。

そんな新たな自分との出逢いを楽しみに、ぜひ一緒に、あなたもトレーニングをはじめてみませんか。

あなたの意外な一面が輝きだすとき、未来はすでに変わりはじめている――。

二〇一五年　三月　吉日

久瑠あさ美

いつかきっと、
凄いことが自分にもおこる。
それを楽しみに微笑みながら
今日を過ごそう。
久瑠あさ美

久瑠あさ美 くる・あさみ

メンタルトレーナー

東京・渋谷のメンタルルーム「ff Mental Room」(フォルテッシモメンタルルーム)代表。日本芸術療法学会会員、日本産業カウンセリング学会会員、日本心理学会認定心理士。精神科・心療内科の心理カウンセラーとしての勤務後、トップアスリートのメンタルトレーニングに積極的に取り組み、注目を集める。各界アーティスト、企業経営者、ビジネスパーソンなど個人向けのメンタルトレーニングをおこない、のべ1万8000人を超えるクライアントから絶大な信頼を寄せられている。企業や自治体への講演活動や人材教育、リーダーシップ研修など活動は多岐にわたる。児童向け講座、慶應義塾大学での講義など次世代育成にも力を注ぐ。心を創る〈マインド塾〉や〈メンタルトレーナー養成塾〉を毎月主催している。雑誌・テレビ・ラジオなどメディア出演も多数。

著書は、『人生が劇的に変わるマインドの法則』(日本文芸社)、『このまま何もしないでいればあなたは1年後も同じだが潜在能力を武器にできれば人生はとんでもなく凄いことになる』(中経出版)、『最高の自分を創る「勘違い」の才能』(青春出版社)、『マインドバイブル 一瞬でコンプレックスを自信に変える77の言葉』(学研マーケティング)、『メンタルトレーニングで美人は創れる』(宝島社)、『72時間をあなたの手帳で管理すれば、仕事は劇的にうまくいく』(日経BP社)、『自分を超える勇気 "魔物"に打ち勝つメンタル術』(ベスト新書)など多数。

◆ff Mental Room ホームページ
http://ffmental.net/
〔トップページから無料メルマガ登録でメッセージ動画視聴可〕

◆久瑠あさ美のメンタル・ブログ
http://blog.livedoor.jp/kuruasami/

トップアスリート、一流経営者《いちりゅうけいえいしゃ》たちがこぞって受《う》ける
〈小《ちい》さな自分《じぶん》〉から脱皮《だっぴ》する
心《こころ》の授業《じゅぎょう》

2015年3月15日　第1刷発行

著者　久瑠《くる》あさ美《み》

発行者　佐藤 靖

発行所　大和《だいわ》書房
東京都文京区関口1-33-4
電話　03-3203-4511

編集協力　中村 桂

撮影　千川 修

ヘアメイク　越智めぐみ（volonte／ALFALAN）

本文写真　株式会社アマナイメージズ

本文印刷所　シナノ

カバー印刷所　歩プロセス

製本所　小泉製本

ISBN 978-4-479-79466-0

http://www.daiwashobo.co.jp